신천지 거짓 교리 박살내는

# 이만희 실상 교리의 허구

신천지 거짓 교리 박살내는

# 이만희 실상 교리의 허구

발행일 │ 초판 1쇄 2019년 10월 31일
      개정판 1쇄 2019년 12월 20일
저자 │ 진용식
교정 │ 명은심(esbright@naver.com)
디자인 │ 마루그래픽스(02-2277-7568)
표지 디자인 │ 최주호(makesoul2@naver.com)
총판 │ 하늘유통(031-947-7777)
펴낸 곳 │ 기독교포털뉴스(www.kportalnews.co.kr)
신고번호 제 377-25100-2011000060호(2011년 10월 6일)
주소 │ 우 16489 경기도 수원시 팔달구 권광로 197, 6층 663호(인계동)
전화 │ 010-4879-8651

가격 │ 12,000원
이메일 │ unique44@naver.com
홈페이지 │ www.kportalnews.co.kr


이 도서의 국립중앙도서관 출판예정도서목록(CIP)은 서지정보유통지원시스템 홈페이지(http://seoji.nl.go.kr)와
국가자료종합목록 구축시스템(http://kolis-net.nl.go.kr)에서 이용하실 수 있습니다.
(CIP제어번호 : CIP2019039908)

신천지 거짓 교리 박살내는

# 이만희 실상 교리의
# 허구

진용식 지음

신천지 집단의 교주 이만희는 '요한계시록의 실상'이라는 교리를 만들어 사람들을 미혹하고 있다. 이만희가 말하는 '실상'이란 사도 요한이 요한계시록에 예언한 내용이 바로 1980년 9월부터 1984년 3월까지 마흔 두 달의 기간 동안 과천에 있는 장막성전에서 이루어졌다는 것이다. 이만희는 이루어진 실상에 대한 계시를 받아 전한다고 하는데 이를 '실상의 말씀'이라고 한다. 사도 요한이 기록한 요한계시록은 '환상 계시'이며, 이 예언이 이루어진 후 이만희가 계시를 받아 전하는 것을 '실상 계시'라고 한다.

이만희의 실상 교리는 배도, 멸망, 구원의 순서로 이루어지는데 이를 '노정'이라고 한다. '배·멸·구'의 노정이란 무엇인가? 1966년 유재열이 장막성전을 만들었는데 하나님의 성령의 인도를 따라 만들었다는 것이다. 유재열이 처음에는 성령에 의하여 장막성전을 인도했으나 나중에는 타락하여 '배도'했다는 것이다. 즉 유재열이 전하던 진리를 버리고 이방 교리를 받아들였음을 말하는 것이다. 그래서 유재열을 배도자라고 부른다.

유재열이 배도를 하자, 오평호가 청지기 교육원이라는 단체를 만들어 장막성전에 들어와 3년 반 동안 활동을 하여 장막성전을 멸망시켰다며 신천지는 오평호를 멸망자라고 한다. 청지기 교육원에 의하여 장막성전이 멸망되자, 이만희는 계시를 받고 신천지 집단을 만들어 구원의 역사를 시작했다는 것이다. 그래서 이만희를 구원자라고 부르고 신천지 집단의 역사를 '구원'이라고 한다.

이만희는 이 내용을 교묘하게 계시록에 맞춰서 사람들을 미혹한다. 신천지 신도들은 이러한 '실상'이라는 교리에 미혹되어 신천지에 있으면 영생하고 실적을 올려 십사만 사천에 들어가서 세계를 지배하고 왕 노릇 하면서 부귀영화를 누리고 살게 된다는 허황된 꿈에 빠져 있는 사람들이다.

이만희가 만든 이 실상이라는 교리는 사실이 아닌 조작에 의해서 만든 거짓 교리이다. 이러한 신천지 이만희의 실상 교리는 사실이 아닌 '허구'이다. '허구'란 '사실에 없는 일을 사실처럼 꾸며 만든 것'이라는 뜻이다. 신천지 신도는 이만희가 만든 '실상'이라는, 사실이 아닌 조작된 허구에 속은 자들이다.

유재열은 배도한 것이 아니라 처음부터 타락한 자였고 그가 만든 장막성전은 사이비 종교였다. 오평호의 청지기 교육원을 멸망자라고 하였는데 청지기 교육원은 첫 장막에 침노한 적이 없다. 청지기 교육원이 침노해서 마흔두 달 동안 멸망시켰다고 하는 실상은 거짓말이다. 이만희가 만든 신천지 집단이 천국이라는 실상 교리는 100% 허구이다. 신천지 집단은 구원의 역사도 아니고 천국도 아니다. 실상의 허구를 믿게 하는 사기 집단이다.

이 책은 이러한 신천지 이만희의 실상이 허구임을 밝히는 책이다. 이러한 허구에 속아서 신천지 집단을 천국이라고 믿고 인생을 바치고 있는 신도들이 너무 불쌍한 마음이 들어 이 책을 쓰게 되었다. 신천지 집단 신도들에게 실상의 허구를 밝혀 한 사람이라도 헛된 망상에서 벗어나 회심하기를 기대하는 마음이다. 더불어 이 책이 신천지의 허구에 빠져 있는 미혹된 영혼들을 건지는 사역에 헌신하는 많은 이들에게 '이만희 실상'을 깨트리는 귀한 길잡이가 되기 바란다. 아무쪼록 이 책을 통하여 이단에 미혹되어 멸망으로 가는 많은 영혼들이 돌아오기를 기도하고 바랄 뿐이다.

2019년 10월 7일
이단 상담자 　진 용 식

# ▶ 목차

# 제 1장 교주 이만희는 누구인가?

## 1. 출생 배경

교주 이만희는 1931년 9월 15일 경북 청도군 풍각면 현리 702번지에서 부 이재문 씨와 모 고상금 씨의 사이에서 출생하였다. 신천지는 이만희의 출생에 대하여 인터넷 신천지 홈페이지에 다음과 같이 소개하였다.

"기독교인인 총회장님의 조부께서 총회장님의 출생 전, 계시와 환상을 보시고 만희(참 빛)라는 이름을 지으셨습니다."(신천지 홈페이지www.shincheonji.kr 2012년까지).

이러한 이만희의 출생 신화는 이만희를 신격화하기 위해 꾸며낸 설화임이 분명하다. 이만희 자신도, 신천지에서도 이만희의 출생 신화를 말할 때마다 내용이 달라지기 때문이다. 위의 내용은 2012년까지 신천지 홈페이지에 게시되었던 내용인데, 그 후 신천지 홈페이지를 개편하면서 그 내용이 달라졌다.

"그의 이름은 그의 할아버지가 하늘이 갑자기 어두워졌다가 다시 빛이 나와 며느리를 비추는 태몽을 꾸신 후 미리 지어두셨다가 완전한 빛이라 하여 '萬熙(만희)'라 하였다."(신천지 홈페이지 www.shincheonji.kr 2019년).

1996년 신천지 만국 소성회에서 발행한 책 〈영핵〉에 이만희는 간증을 실었는데 여기서도 출생 신화를 말하고 있다.

"본인은 경북 청도군 출신으로 3대 외동아들이었던 나의 아버지의 12명 아들 중 6번째로 태어났다. 내가 태어나기 전 매일 기도생활을 하시던 할아버지는 어느 날 몽중에 해, 달, 별이 어두워지고 떨어진 후 다시 하늘이 열리더니 빛이 나와 나의 어머니에게 비추는 것을 보시고 나의 이름을 '빛' 이라는 뜻을 지닌 만희(萬熙)라고 지어두셨고 그것이 현재 나의 이름이 되었다."(〈영핵〉, 신천지만국소성회, 1996년, p.75).

2012년 홈페이지 간증에는 할아버지가 '계시와 환상'을 보았다고 했다가 2019년 홈페이지 간증에는 '태몽'을 꾸었다고 하였고, 다시 〈영핵〉의 간증에는 '몽중'이라고 하였다. 꿈 내용도 다르다. 2019년 홈페이지 간증에는 "하늘이 갑자기 어두워졌다가 빛이 나와 며느리를 비추었다"고 하였다. 그러나 〈영핵〉에는 "해, 달, 별이 어두워지고 떨어진 후에 하늘이 다시 열리더니 빛이 비추었다"고 하였다. 이름의 뜻도 각기 다르다. '萬熙'라는 이름의 뜻이 2012년 홈페이지에서는 '참 빛'이라고 했다가 2019년 홈페이지에는 '완전한 빛'이라고 하였다. 〈영핵〉에서는 '빛'이라고 하였다.

'萬熙'는 '참 빛'이나 '완전한 빛'이라는 뜻이 아니다. 이만희의 '萬'은 '일만 만' 으로 '참'이나 '완전한'의 뜻이 없다. '일만 만'은 '수의 많음을 나타내는' 뜻이다. 왜 이렇게 간증을 할 때마다 내용이 달라질까? 거짓말의 특징은 일관성이 없다는 것이다. 거짓을 말하는 자는 같은 내용이라도 말을 할 때마다 달라지는 것이 특징이다. 이만희의 출생 신화 간증은 일관성이 없는 것으로 보아 거짓을 말하고 있다고 볼 수밖에 없다. 이러한 점을 볼 때 이만희의 출생 신화는 조작된 설화임이 분명하다.

## 2. 신앙 이력

이만희는 첫 번째 신천지 홈페이지에 '신앙적 약력'을 소개하였다.

"1948년 서울 침례교 외국 선교사에게 믿음 없이 침례를 받음

1957년 고향 땅 야외에서 성령으로부터 환상과 이적과 계시를 받고 전도관에 입교

1967년 성령의 계시에 이끌려 경기도 과천시 소재 장막성전에 입교"(신천지 홈페이지www.shincheonji.kr 2012년).

그러나 개편된 신천지 홈페이지 내용은 이와 다르다.

"신앙은 어린 시절부터 할아버지와 함께 기도하며 시작하였고, 그 후 아침 저녁(주일은 높은 산상에서) 기도하는 습관이 생겼으나 교회에 간 적은 없었다."(신천지 홈페이지www.shincheonji.kr 2019년).

앞에서는 침례교에서 침례를 받았다고 하고 후에는 교회에 간 적이 없다고 말하고 있다. 이만희의 간증내용은 신천지 교리인 '모략'이며 거짓말이 분명하다. 신천지 홈페이지에서 말하는 이만희의 신앙 이력을 보면 침례교회에서 침례를 받았으나 당대에 가장 크게 사회문제를 일으켰던 사이비 종교이자 이단인 '박태선 전도관'에 입교(1957년)하여 10년 동안 전도관의 신도로 있다가 또 다른 사이비 종교인 '장막성전'에 입교(1967년)했다고 하였다.

이만희는 건축노동자(미장, 목수)로서 장막성전의 신도였는데, 1971년 9월 7일 40개 항목의 사기 및 무임금 착취 등의 혐의로 장막성전 교주 유재열 씨와 부교주 김창도 씨를 고소하였고 장막성전에서 탈퇴하였다(도서출판 리폼드, 〈한국 주요 이단들의 동향〉, p.43). 장막성전에서 이탈한 이만희는 백만봉이 교주로 있는 재창조교회에 입교하여 12지파

중 요셉 지파장으로 있었다. 신천지 집단에서 교육 자료로 사용하는 실상 도표에 의하면 "백만봉 사데교회 입교"라고 되어 있다.

이만희의 신앙 이력은 결국 이단을 전전하다가 신천지 집단을 만든 것이다. 그러나 이만희 그는 자신이 이단 집단에 들어간 것도 성령의 계시에 의한 것이라고 말하였다. 이만희가 첫 번째로 들어갔던 전도관 박태선 집단은 성경과 예수님을 부인하고 혼음교리 등으로 사회 문제까지 일으킨 사이비 종교였다. 당시의 박태선 전도관에 대하여 고 탁명환 소장(국제종교문제연구소)은 다음과 같이 소개한 바 있다.

"1980년대에 이르러 박태선 집단은 일대 변혁을 단행했다. 교주가 1955년 이래 믿어온 예수를 X새끼요, 마귀대장의 아들이라고 규탄하고 성경은 98%가 거짓말투성이고 자신은 40일 금식기도를 13회나 했는데 예수는 한 번밖에 못했으며 그런 예수가 육을 입은 죄인 마리아에게서 났으니 99%가 죄 덩어리요, 음란 마귀의 아들이라고 비난했다."(탁명환, 〈기독교이단연구〉, p.183).

박태선 전도관의 사이비성은 이만희 자신도 인정한다. 그는 2006년, 필자를 명예훼손 등의 내용으로 고소한 바 있다. 이때 이만희는 고소장에서 박태선 집단에 대하여 다음과 같이 비판하였다.

"원고 이만희는 신도착취 및 자신을 천부, 새 하나님이라고 하면서 사회 문제를 일으켰던 망 박태선과는 아무런 관련이 없고…."(이만희, 고소장, 2006년 2월 21일).

결국 이만희는 본인이 비판한 사이비 단체 전도관에 "성령으로부터 환상과 이적과 계시에 따라" 입교했음을 자인한 것이다. 그러나 성령께서 이러한 사이비 종교에 들어가라고 계시를 주셨을 리가 없다. 이만희가 정말 계시를 받았다면 그 환상과 이적과 계시는 사탄, 악령에게 받은 것이 분명하다. 사탄 즉 악령이 사이비 종교로 인도한 것이다. 그 후 이만희는 전도관에서 이탈하여 1967년, 성령의 계시에 이끌려 경기도 과천시 소재 장막성전에 입교했다고 하였다. 그렇다면 성령이 그를 인도했다는 유재열의 장막성전은 어떤 곳인가?

유재열은 자신이 '책 받아먹은 자', '계시 받은 자'(신천지 문화부, 〈신천지 발전사〉, 도서출판 신천지, 1997년, p.34), '선지자', '주님'(〈신천지 발전사〉, p.44)이라고 주장하고 교주 노릇을 하며 장막성전을 운영하다가 1976년 2월 28일 사기, 공갈 등의 혐의로 징역 5년을 선고 받았다. 1976년 3월 6일자 동아일보에는 다음과 같은 기사가 실렸다.

"28일 서울지법 영등포 지원 김성수 판사는 대한 기독교 장막성전 교주 유재열 피고인(26)에 대한 사기 공갈 등의 사건 선고 공판을 열고 유 피고인에게 징역 5년을 선고했다."

이 판결에 의하면 장막성전은 사기, 공갈 등의 방법으로 운영된 사이비 집단이었다. 이러한 사이비 집단에 이만희는 성령의 계시에 이끌려 들어갔다고 한다. 그러나 이만희를 이끌었던 것은 성령이 아닌 악령의 계시임이 분명하다. 성령이 사이비 집단으로 인도할 리가 없기 때문이다. 그 후 이만희는 장막성전을 이탈하여 자칭 하나님이라고 주장했던 백만봉에게로 갔다. 이에 대하여 고 탁명환 소장은 다음과 같이 소개하였다.

"1970년 초 이만희 씨는 장막성전 내에서 영명(靈名) 솔로몬이라 불리던 백만봉 씨가 자신이 하나님이라고 주장하자 이에 동조하여 장막성전을 이탈하여 백 씨를 추종하기 시작하였다. 백만봉 씨의 '재창조교회'의 12사도 중 하나로 있던 이만희 씨는 내심 백만봉 씨가 하나님임을 믿고 따랐으나 '1980년 3월 13일에 천국이 이루어진다'라고 한 백만봉 씨의 주장과 달리 아무 일도 일어나지 않자, 바로 다음날인 3월 14일 안양시 비산동에 '새 증거 장막'이라 하여 지금의 신천지 교회를 세웠다."(탁명환, 〈한국의 신흥종교〉, p.191).

백만봉은 자신을 하나님이라고 주장할 뿐 아니라 시한부 종말론까지 주장한 사이비 종교 교주였다. 이러한 자를 하나님이라고 믿고 주님이라고 부르며 지파장까지 했던 이만희 그가 어떻게 성령을 받은 자라고 할 수 있겠는가? 이만희는 박태선 집단에서 10년(1957~1967), 유재열 장막성전에서 4년(1967~1971), 백만봉 재창조교회에도 있었다. 그는 이렇게 사이비 종교를 전전하면서 이들의 교리를 짜깁기하여 거짓 교리를 만들어 신천지 집단을 개업한 것이다.


## 3. 학력

이만희는 학력이 전무하며 국문도 제대로 배운 적이 없다고 한다. 그는 신천지 홈페이지에서 아래와 같이 말하였다.

"어릴 적 가난과 전쟁으로 교육부의 혜택을 받지 못하여 국문도 제대로 배우지 못했으니 하나님도 예수님도 학교에서 배우지 않았고 바울도 성령의 계시를 받은 후 자기 지식을 배설물 같이 버렸다고 하셨습니다."(신천지 홈페이지 www.shincheonji.kr 2012년).

실제로 그의 책들을 읽어보면 국문해득이 안 되는 사람임을 알 수가 있다. 국문해득이 안 되는 이만희 교주의 성경 해석들은 전혀 맞지 않는 엉터리이며 스스로 만든 교리들도 국문해득이 제대로 안 된 엉터리 내용들이다. 즉, 신천지 집단에 미혹된 신도들은 국문해득이 안 된 엉터리 교리에 속고 있는 것이다.

# 제 2장 신천지의 핵심 교리 세 가지

신천지 이만희의 핵심 교리는 세 가지로 되어 있다. 이 세 가지 핵심 교리를 믿게 하기 위해 신천지에서는 6개월간 교육을 한다. 이 세 가지의 교리를 믿어야 신천지 신도가 되며, 이 교리로 세뇌되면 신천지에 충성하고 교주 이만희에게 인생을 바치게 된다. 이러한 신천지의 세 가지 핵심교리를 알아보자.

## 1. 신천 신지 교리

신천지 핵심 교리의 첫 번째는 '신천 신지' 교리이다. 신천 신지란 '새 하늘과 새 땅'을 말하는 것으로, 이는 '천국'을 의미한다. 정통교인들은 예수 믿고 죽으면 천국에 간다고 믿고 있지만 신천지 집단은 천국이 땅에서 이루어진다고 가르친다. 그래서 천국은 걸어서 가는 곳이라고 한다. 신천지의 주장대로 이 지구상에 천국이 이루어진다면 어디에 천국이 이루어진다는 말인가? 신천지 집단에서는 1984년 3월 14일에 교주 이만희가 대한민국 경기도 과천에 천국을 창조하였다고 한다. 이들은 이만희가 이 땅에 창조한 '천국'을 '신천지'라고 부르는 것이다. 신천지 이만희가 말하는 천국은 바로 '신천지 집단'이라는 것이 이들의 교리이다.

"거룩한 성이 하늘로부터 이 땅의 천국 곧 새 하늘과 새 땅 즉 신천지(新天

地)에 내려온다고 하였다. 이 성구들을 종합해 보면, 영적 새 이스라엘이 곧 시온 산이며 신천지이다. 그러므로 성도는 영계 하나님의 장막이 내려와 영원히 함께하는 신천지를 찾아야 한다."(이만희, 〈천지창조〉, 도서출판 신천지, 2007년, p.53).

특히 신천지에서는 이만희를 '이긴 자'라고 하는데 이긴 자인 이만희가 있는 곳이 천국이라고 한다.

"예수님께서는 니골라 당과 싸워 이기는 자 위에 영계의 천국 곧 거룩한 성 새 예루살렘의 이름을 기록하여 주시고(계 3:12), 보좌를 그와 함께하신다고 말씀하셨다(계 3:21). 영계의 천국과 예수님의 보좌가 이기는 자에게 임한다면, 이기는 자가 이끄는 교회도 천국이 아니겠는가?(마 4:17) 그렇다면 천국 호적인 생명책은 이기는 자가 인도하는 교회의 교적부라고 할 수 있다."(이만희, 〈요한계시록의 실상〉, 도서출판 신천지, 2017년, p.70).

신천지 집단이 천국이며, 신천지 집단의 교적부가 천국의 생명책이라는 것이다. 신천지 신도들은 신천지 집단에 입교하는 것이 천국에 들어가는 것이라고 믿고 있다. 그래서 신천지 집단에서는 서기를 쓰지 않고 천국이 시작되었다는 '신천기'를 쓴다. 따라서 신천지 집단이 시작된 1984년을 신천기 1년이라고 부르고 있다. 2019년인 올해는 신천기 36년이 된다고 한다. 뿐만 아니라 신천지가 한국에 있기 때문에 한국이 세계의 본부가 된다고 한다. 신천지 신도들은 영어도 배울 필요가 없다고 하는데, 이는 한국이 세계의 중심이 되고 한국어가 세계 공통어가 될 것이기 때문이라는 것이다.

## 2. 육체 영생 교리

신천지 핵심 교리 두 번째는 '육체 영생' 교리이다. 신천지 교리에 의하면 신천지 집단에 들어가는 것이 천국에 들어가는 것이 되고, 천국에 있는 신천지 신도는 육체가 죽지 않는다는 것이다. 신천지 집단의 신도들은 육체가 죽지 않고 계속 살게 되는데 '일천 살'이 기본이다. 신천지의 육체 영생은 '신인합일'이라는 교리로 말한다. 신천지 신도들의 육체에 순교한 영혼들의 영이 들어와 하나가 되면 영생을 한다는 것이다. 이를 영적 혼인이라고 하며 신인합일이 되어 육체 영생이 시작되는 것을 '첫째 부활'이라고 한다. 첫째 부활 즉 신인합일을 한 자들은 천 년 동안 육체 영생을 하면서 왕 노릇을 하며 산다는 것이다.

"육체가 없는 순교한 영들은 육체가 있는 이긴 자들을 덧입고 이긴 자들은 순교한 영들을 덧입어 신랑과 신부처럼 하나가 되어 산다. 이것이 바로 영과 육이 한 몸을 이루는 결혼이요 첫째 부활이다. 이들은 하나님과 그리스도의 제사장 곧 목자가 되어 천 년 동안 주와 함께 말씀을 가르치며 성도를 다스리는 왕 노릇을 한다. 십사만 사천 명의 제사장이 완성된 이후에 셀 수 없이 몰려오는 흰 옷 입은 무리들은(계 7:9~14) 백성으로서 첫째 부활에 참여하여 천년성에서 함께 살게 된다. 그리고 이들 첫째 부활자들은 둘째 사망의 해를 받지 아니한다고 한다."(〈요한계시록의 실상〉, 2017년, p.409).

신천지에서 말하는 육체 영생은 언제부터 시작되는 것일까? 첫째 부활과 육체 영생은 '천년왕국'과 관련이 있다. 첫째 부활을 한 자들이 사는 곳이 천년왕국이며 이들이 살아서 왕 노릇 하는 것이 천 년 기간이기 때문이다. 이만희는 또 다음과 같이 말한다.

"첫째 부활이란 '하나님의 말씀과 예수님의 증거를 인하여 목 베임을 당한 영혼들과 짐승과 그의 우상에게 경배하지도 표를 받지도 아니한 자들이 살아서 하나님과 그리스도의 제사장이 되어 그리스도와 더불어 천 년 동안 왕 노릇하는 것이다."(위의 책, p.409).

그렇다면 첫째 부활은 천년왕국 전에 이루어져야 한다. 천년왕국이 첫째 부활자들이 왕 노릇 하는 기간이기 때문이다. 그러면 신천지 신도들이 첫째 부활을 하여 육체 영생을 하며 왕 노릇 하는 때는 언제부터인가? 이만희는 그 시작점을 이렇게 말하고 있다.

"본문에 기록한 천 년은 사단이 쇠사슬에 결박되어 무저갱에 갇혀 있는 기간이요, 첫째 부활 자들이 그리스도와 더불어 왕 노릇 하는 기간이다. 이 천년왕국은 하나님의 뜻이 하늘 영계에서 이루어진 것 같이 영적 새 이스라엘 열두 지파가 이 땅에 창조된 날(1984년 3월 14일)로부터 시작되었다."(위의 책, p.412).

신천지가 시작된 1984년 3월 14일부터 첫째 부활자들의 왕 노릇이 시작되었고 육체 영생이 시작되는 천년왕국이라는 것이다. 신천지의 교리가 맞다면 첫째 부활자들이 1984년 3월 14일부터 육체 영생하면서 왕 노릇을 하고 있어야 한다. 그러나 신천지 신도들 중에 첫째 부활을 한 자들은 한 사람도 없다. 신천지 집단에서 첫째 부활을 하여 왕 노릇 하고 있는 자가 누구인가? 그런 자가 있다면 증거로 보여주기 바란다.

1984년 이후 신천지에서는 계속 사망을 당하고 있다. 신천지 바돌로매 지파장이었던 신00도 질병으로 죽었다. 신천지 7교육장이던 윤00도 죽었다. 강사도 죽고 열혈 신도들도 죽었다. 특히 첫째 부활자의 대표이며 이긴 자라고 하는 이만희는 왜 아직도 첫째 부활, 신인합일을 못하며 육체 영생을 못하고 늙어가고 있는가? 교주 이만희가 첫째 부활을 못하고 육체가 죽어가고 있다는 것은 신천지의 육체 영생 교리가 거짓이라는 증거이다. 신천지 신도들은 허황된 거짓 교리에 미혹되어 육체 영생의 헛된 망상을 하고 있다.


## 3. 십사만 사천 교리

　신천지 집단의 세 번째 교리는 '십사만 사천' 교리이다. 신천지 교리대로 하면 신천지 신도들은 영생을 하고 세상 모든 사람들은 100세도 못되어 죽는다. 이러한 현상이 계속 일어나게 되면 모든 세상의 종교인들은 다 신천지 집단의 신도가 되고 신천지 집단은 세계를 지배하여 만국을 다스리게 된다는 것이 신천지 교리이다. 특히 신천지 신도 중에 십사만 사천인에 해당되는 사람에게 제사장 권한을 주어서 제사장과 왕이 되어 세계를 다스리며 부귀영화를 누리면서 영생을 하게 한다는 것이다.

　이러한 교리를 믿고 있는 신천지 신도들은 십사만 사천인에 들어가는 것이 인생 최대의 꿈이요 목표가 된다. 그러면 신천지에서 십사만 사천인이 되는 방법은 무엇이라고 하는가? 이만희는 이에 대하여 다음과 같이 말한다.

　"영적 새 이스라엘 열두 지파의 십사만 사천 명은 아무나 되는 것이 아니다. 오직 '새 언약의 말씀'으로 하나님의 인을 맞은 자라야 한다. 초림 때 하나님을 믿는다고 해서 모두 하나님의 자녀가 된 것이 아니며 예수님을 영접하는 자만이 참 자녀가 되었듯이, 계시록 성취 때에도 예수님을 믿는다고 해서 모두 하나님의 자녀가 되는 것이 아니라 예수님께서 세우신 새 언약을 지키는 자만이 '영적 새 이스라엘 열두 지파'에 속하는 참 선민이 된다."(〈요한계시록의 실상〉, 2017년, p.136~137).

인을 맞은 자가 십사만 사천인이 될 수 있다고 하였다. 인을 맞으려면 어떻게 해야 하는가? 신천지에 가서 이만희를 믿을 뿐 아니라 실적을 쌓아야 인을 맞을 수 있고 십사만 사천인에 들어갈 수 있다. 그 실적은 전도, 헌금, 출석 등이다. 그래서 신천지 신도들은 14만 4천에 들어가기 위해 직장, 학업, 결혼까지도 포기하고 실적을 쌓기 위해서 신천지에 올인하고 있다. 특히 실적 중에 가장 중요한 것이 열매이다. 열매란 다른 사람을 미혹하여 신천지 집단으로 전도하는 것인데 이러한 전도 열매가 없는 사람은 십사만 사천인에 들어갈 수가 없다. 그래서 신천지 신도들은 성도들을 미혹하기 위해 교회로 침투하여 거짓 모략과 연기 등 온갖 방법을 다하여 추수꾼 노릇을 하는 것이다.

이러한 십사만 사천인 교리는 신천지 집단에서 첫 장막이라고 부르는 유재열 장막성전에서 주장하던 교리이다. 유재열이 장막성전을 할 때 '열두 지파 십사만 사천'을 모은다는 교리를 전했었다. 이만희는 유재열 장막성전에 있던 자로서 장막성전에서 배운 내용을 써먹고 있다. 신천지 집단에서 발행한 〈신천지 발전사〉를 보면 장막성전(첫 장막)에 대하여 다음과 같이 기록하고 있다.

"말세에는 14만 4천의 인 맞은 자만이 장막성전에서 피할 수 있다는 주장에 따라 이곳에 입주한 신도가 640세대에 이르고 있다."(〈신천지 발전사〉, p.34).

이만희는 장막성전에 있을 때 유재열에게 배운 열두 지파 십사만 사천인 교리를 사용하여 신도들을 혹사시키고 있는 것이다.

# 제 3장 교주 이만희 신격화 교리

신천지의 교리는 이만희를 신격화할 목적으로 만들어졌다. 특히 '요한계시록의 실상'의 목적 또한 이만희 교주를 믿게 하기 위한 것이다. '요한계시록의 실상'은 이만희에 대하여 35가지로 가르친다. 그래서 '요한계시록의 실상'을 배우게 되면 그가 누구든지 이만희를 약속의 목자요, 이 시대의 구원자로 믿게 된다. 이만희의 신격화 내용인 실상에 대하여 지면상 다 밝힐 수는 없으나 중요한 부분들을 다루어 보도록 한다.

## 1. 이긴 자 교리

계시록 2장과 3장의 일곱 교회에 보내는 편지에 보면 '이기는 자'에게 주시는 약속이 있다. 이기는 자에게는 생명나무 과실을 먹게 해주고, 철장으로 만국을 다스리는 권세를 주고, 하나님의 보좌에 앉게 해준다는 등의 약속이다. 이만희는 이 내용에서 말하는 '이기는 자'를 '이긴 자'라고 하여 이만희 자신이라고 해석한다. 이만희 자신이 '니골라 당'인 청지기 교육원과 싸워서 이겼기 때문에 계시록에서 예언한 이긴 자가 바로 자신이라는 것이다. 그리고 이 이긴 자를 만나서 말씀을 받는 사람만이 구원을 받을 수 있다고 한다. 특히 이기는 자에게 하나님의 보좌에 앉게 해주신다는 약속을 했는데 이만희가 바로 하나님의 보좌에 앉는 분이라고 한다. 그래서 이만희가 삼위일체 중에 한 분이라고 한다.

"예수님은 이기는 자에게는 내가 내 보좌에 함께 앉게 하여 주기를 내가 이기고 아버지 보좌에 함께 앉은 것과 같이 하리라고 약속하신다. 이것이 바로 삼위일체이다."(이만희, 〈계시〉, 도서출판 신천지, 1986년, p.18).

이긴 자 교리는 모든 이단 교주들이 자신을 신격화할 때 사용하는 교리이다. 전도관 교주 박태선도 자신을 '이긴 자'라고 하였고, 영생교 교주 조희성도 자신을 '이긴 자'라고 하였다. 에덴성회 교주 이영수도 자신을 '이긴 자'라고 한다. 이만희 역시 이들에게 배워서 자신을 '이긴 자'라고 한다. '이긴 자' 주장은 하나님이 되기 위한 신격화 교리의 시작인 것이다. 이만희는 자신을 '이긴 자'라고 하면서 이긴 자를 만나야 구원을 받을 수 있다고 가르친다.

"하나님과 예수님과 천사들도 이긴 자와 함께 하시며 영생과 구원 천국과 진리도 이긴 자를 통해서 있게 되는 것이다. 그러므로 천국과 영생에 소망을 둔 모든 성도는 계시록에서 이긴 자를 찾아야만 구원에 이르게 된다."(위의 책, p.84).

이만희를 '이긴 자'라고 하는 것은 이만희를 통하여 구원을 받는다는 교리를 가르치는 것이다. 이만희가 정말 이긴 자일까? 신천지 집단에서 니골라 당이라고 하는 청지기 교육원과 첫 장막에서 싸워 이겼을까? 이는 이만희의 종교사기이다. 이만희는 청지기 교육원과 싸운 적도 없고 이긴 적도 없다. 그러나 신천지 신도들은 이러한 거짓말에 속아서 이만희를 '이긴 자'라고 믿고 있다. 이만희가 정말 계시록에서 예언한 이긴 자인지는 뒤에 다시 반증할 것이다.

## 2. 보혜사 교리

이만희는 자신을 신격화하기 위하여 보혜사 교리를 가르친다. 예수님께서 보내주시겠다고 약속한 보혜사가 바로 이만희 자신이라는 것이다. 그래서 이만희가 쓴 책에는 저자의 이름을 쓸 때 "보혜사 · 이만희"라고 표시한다. 이만희는 자신의 책에서 자신이 보혜사 성령임을 주장한다.

"이 아이는 해를 입은 여자의 소생이다. 그가 주의 이름으로 와서 주의 뜻을 이루실 보혜사 성령임을 부인할 수 없을 것이다. 그는 성부이신 하나님의 위와, 성자이신 예수 그리스도 위를 하나로 묶어 자신의 위에 앉으실 삼위일체의 성신이다."(이만희, 〈계시록의 진상〉, 도서출판 신천지, 1985년, p.184). '해를 입은 여자'는 유재열을 말하고 이 '여자의 소생'이란 이만희 자신을 말한다고 해석한다. 즉 이만희는 자신이 '보혜사 성령'이며 '삼위일체 성신'이라는 주장이다. 이만희는 자신을 이 땅의 사명자이며 보혜사 성령이라고 강력하게 주장하였다.

"이 땅의 사명자로 오신 보혜사 성령께서 증거의 말씀을 온 땅에 전파하므로 그 증거의 말씀을 듣고 깨달은 성도들이 천하만국에서 모여들게 되는 것이다."(위의 책, p.223).

교주 이만희가 처음에는 자신이 보혜사 성령이라고 계속 주장하다가 어떻게 인간이 보혜사 성령이 되고 삼위일체가 되겠느냐는 공격을 받게 되자 교리를 살짝 수정하게 된다. 최근에 발행한 이만희의 책에는 이만희에게 임한 영, 천사가 보혜사라고 한다.

"이로 보건대, 본문의 천사는 예수님께서 보내시는 보혜사 성령이 분명하다. 이 천사가 보혜사 성령이면 그가 함께하는(요 14:17) 새 요한도 보혜사라 부를 수 있을 것이다."(〈요한계시록의 실상〉, 2017년, p.186).

여기에서 '새 요한'은 바로 이만희를 가리키는 말이다. 이만희를 '보혜사 성령'이라고 하다가 이제는 이만희에게 임한 천사(영)가 보혜사 성령이며 이만희는 '보혜사 성령이 함께 하시는 자'이기 때문에 보혜사라고 할 수 있다는 것이다. 이만희가 처음에 〈계시록의 진상〉에서 말한, 자신이 '삼위일체 성신'이라고 한 말과 '보혜사 성령이 함께하는 자'라는 주장은 상반된다. 그렇다면 이만희가 받은 처음 계시는 잘못된 것이라는 말이 된다. 이만희가 예수님께서 보내 주시겠다고 하신 보혜사가 맞는 것인가는 다시 반증할 것이다. 그러나 우선 이만희가 '보혜사 성령'인지 '보혜사 성령이 함께 하시는 자'인지 신천지 집단은 확정해야 한다. 이만희의 처음 받은 계시를 맞다고 할 것인지 나중에 받은 계시를 맞다고 해야 할 것인지를 말해야 한다.

## 3. 구원자 교리

신천지 집단은 이만희를 구원자로 믿는 자들이다. 신천지 집단은 기독교가 아니다. 이만희를 구원자로 믿는 곳은 '예수교'라고 해선 안 된다. 그들은 '만희교'라고 해야 맞다. 이만희는 이 시대에 배도자·멸망자·구원자가 있는데 이만희 자신이 이긴 자이므로 구원자가 된다고 주장한다.

"예언은 이미 이루어지고 있다. 요한계시록에 예언된 멸망자는 처음에는 배도자와 싸워서 이겼으나 결국 구원자(약속의 목자, 이긴 자)가 멸망자와 싸워서 승리하였다(계 13장, 12장). 예수님께서는 이 최후 승리자에게 요한계시록 2, 3장에 약속한 모든 것을 주셨다. 영계의 천국 또한 이 땅의 이긴 자에게 임하여 역사하고 있다."(〈천지창조〉, p.529).

신천지 집단에서 이만희를 구원자로 가르치기 위해 사용하는 교리가 시대별 구원자론이다. 예수님 한 분만이 구원자라고 믿는 개신교의 구원관을 깨트리고 예수님 이외에도 시대마다 구원자가 있었다고 하는 것이다. 홍수 때는 노아가 구원자였고, 초림 때는 예수님이 구원자였고 이 시대에는 이만희가 구원자라는 것이다.

"이처럼 범죄한 아담의 세계에 보낸 구원자는 노아였고, 범죄한 모세의 세계에 보낸 구원자는 예수님이었다."(이만희, 〈성도와 천국〉, 도서출판 신천지, 1995년, p.18).

이만희의 시대별 구원자 교리에 의하면 예수님은 초림 당시의 구원자였지 오늘 우리에게는 구원자가 될 수 없다는 말이다. 그러면 이 시대의 구원자를 찾아서 믿어야 하는데 이 시대의 구원자가 바로 이만희라는 것이 신천지 집단의 교리이다.

## 4. 재림주 교리

이만희는 자신을 재림주로 믿게 하는 교리를 만들었다. 이만희의 재림 교리는 영육합일 교리이다. 즉 예수님이 영으로 재림하셔서 이만희에게 임하셨다는 것이다. 이만희의 육체에 예수님의 영이 임하는 것이 바로 재림이라고 해석한다.

"구름 타고 오신 예수님은(계 1:1~8) 한 육체에게 오신다(계 1:12~20). 이 사람도 초림 때와 같이 영적 말구유에서 탄생된다(계 12:1~11). 즉 주님은 교권 전쟁으로 멸망자가 거룩한 곳에 서게 되고 이로 인해 해, 달, 별 같은 영적 이스라엘이 멸망을 받은 후 구름타고 와서 때를 따라 양식을 나누어 주는 자에게 임한다.(마 24:) 그가 예수님의 것을 가지고 우리를 양육하게 된다."(위의 책, p.77~78).

이만희는 예수님의 영 재림을 주장한다. 영 재림이란 예수님이 영으로 재림하셔서 이만희의 육체에 임했다는 것이다. 이것을 믿는 신천지 신도들은 이만희의 육체 속에 재림하신 예수님의 영이 들어가 있는 줄 믿고 있는 것이다. 이만희는 초림 때도 예수님의 육체에 하나님의 영이 임하여 초림이 되었다고 주장한다.

"이는 하나님이 구름타고 오사 예수님에게 임한 것 같이 구름타고 오시는 예수님은 택한 한 사람에게 임하여 동서남북 사방에서 알곡(말씀 지킨 자)을 추수하여(마 13: ;계 14:14~16) 새 이스라엘을 창조하신다."(위의 책, p.78).

성경에 예수님의 재림에 대하여 기록된 내용은 예수님이 구름을 타고 오신다고 되어 있다. 이만희는 이 부분에 대하여 구름은 영이라고 해석해야 한다고 한다.

"이로 보건대 구름은 영을 의미하거나(사 5:6) 성령의 강림하심을 뜻하며 또한 구름은 가리워 보이지 않게 하는 역할을 하는 것이다(마 17:5, 눅 9:34, 행 1:9). 본 장 7절에서 주께서 구름을 타고 오신다는 것은 눈(육안)으로 보이지 않게 영으로 오신다는 뜻이다."(〈요한계시록의 실상〉, 2017년, p.35).

예수님이 구름 타고 오신다는 것은 영으로 보이지 않게 이만희에게 들어갔다는 뜻이라고 한다. 결국 이만희가 재림주가 된다는 교리이다.

# 제 4장 신천지 집단의 비유 풀이

## 1. 신천지의 비유 풀이 교리

이만희는 성경의 대부분이 비유와 상징으로 되어 있다고 주장한다.

"성경에 기록된 하나님의 말씀은 육적인 것을 빙자하여 비유를 베푼 영적인 것인데 사람들이 문자에 매여 육적으로 해석하여 행동한다면 하나님의 뜻에 맞을 리가 없다."(〈성도와 천국〉, p.26).

신천지는 이처럼 성경을 비유로 풀어야 한다고 주장한다. 문자로 성경을 해석하는 것은 하나님의 뜻에 맞지 않는다는 것이다. 또 이만희는 다음과 같이 강조한다.

"성경의 비밀인 비유의 참 뜻을 알지 못할 때, 우리는 눈이 있어도 보지 못하고 귀가 있어도 듣지 못하는 영적 소경이요 귀머거리가 되어 어두운 구덩이에 빠질 수밖에 없다."(위의 책, p.24).

비유 풀이를 강조하여 성경을 영적으로 풀어야 한다는 주장은 모든 가짜 재림주들의 공통적인 주장이다. 통일교, JMS, 안상홍 집단 등 교주를 신격화하는 집단들은 반드시 성경을 비유로 풀어야 한다고 주장한다. 이단들이 정통교회 성도들을 미혹할 때 가장 효과적으로 사용하는 방법이기도 하다. 신천지에서 가르치고 있는 비유 풀이 교리는 아래와 같이 설명할 수 있다.

① 성경은 비유로 봉함되었다.

② 비유를 풀어주는 사람이 보혜사이다.

③ 비유를 알아야 죄 사함을 받을 수 있다.

④ 비유를 모르는 목자는 거짓 목자이다.

## 2. 왜 신천지는 비유 풀이를 가르치는가?

왜 이들은 비유 풀이를 주장하고 성경을 '영해'하려는 것인가? 그 이유는 다음과 같다.

첫째, 교주를 재림주로 만들기 위해서이다.

성경을 문자적으로 있는 그대로 해석하게 되면 교주를 재림주로 만들기가 불가능하다. 재림주는 하늘로부터 와야 하고, 구름을 타고 와야 하며, 호령과 천사장의 나팔이 울려야 한다. 그래서 가짜 재림주들이 자신들에게 이러한 성경의 예언들을 맞추려면 비유라는 형식을 빌어 제 맘대로 성경을 풀어야 하는 것이다. 그래서 가짜 재림주들은 구름, 하늘, 천사장의 나팔 등의 성경구절들을 다 비유라는 식으로 풀어서 자기를 재림주로 조작한다. 이들의 비유 풀이를 보면 그 결론은 다 교주 자신이 참 목자이며, 보혜사이며, 재림주라는 것이다. 신천지도 구름, 하늘, 신천지 등을 모두 비유로 풀어서 교주 이만희를 재림주로 만드는 교리에 사용하고 있다.

둘째, 가짜 재림주들이 비유 풀이 방법을 택하는 이유는 성경을 자신이 만든 교리에 맞추기 위해서이다.

성경을 문자적으로 보지 않고 비유 풀이, 즉 영해를 하게 되면 성경 내용을 얼마든지 자기의 주장에 맞출 수가 있다. 그래서 이들은 영해를 하여 성경의 말씀을 자기들에게 맞추어 성경의 거룩한 본뜻을 어긋나게 한다. 이런 자들을 향해 예수님께서 직접 말씀하셨다.

"너희는 너희 아비 마귀에게서 났으니 너희 아비의 욕심을 너희도 행하고자 하느니라 저는 처음부터 살인한 자요 진리가 그 속에 없으므로 진리에 서지 못하고 거짓을 말할 때마다 제 것으로 말하나니 이는 저가 거짓말쟁이요 거짓의 아비가 되었음이니라."(요 8:44).

즉 신천지의 성경해석이 바로 그렇다. 이들은 성경을 성경으로 해석하지 않고 '제 것'으로 말하기 위하여 비유 풀이 방법을 악용하는 것이다. 신천지는 〈계시록 6장〉에서 해, 달, 별은 이스라엘이며, 하늘은 선민 장막, 땅은 육체, 굴과 산과 바위는 이방 사교의 집단이며, 7장 1절의 각종 나무는 '각 교단의 사람들'이라는 식으로 해석한다(〈성도와 천국〉, p.136). 이런 식의 해석은 한 마디로 '코미디'이다. 성경 스스로가 그러한 해석을 입증하고 있지 않다. 이는 성경해석의 ABC도 모르는 신천지 집단의 '장난'에 불과하다.

셋째, 이단 교주들의 비유 풀이의 또 하나의 목적은 성경의 예언 초점을 자신들에게 맞추기 위해서다.

신천지의 비유 풀이도 그렇다. 신천지는 성경은 비유로 되어있고 그 비유가 이루어지는 것이 실상이라고 한다. 구약성경의 실상이 초림 예수에게 이루어졌듯이 계시록의 예언은 교주 이만희 자신과 자신이 세운 장막성전에 이루어졌다는 것이다. 그래서 이만희는 그의 책 〈계시록의 실상〉 서문에서 "이 책은 1장에서부터 22장까지 비유와 비사로 기록된 예언이 실상으로 응한 것을 육하원칙에 입각하여 증거한 것이며, 부록으로 창세기 1장을 더하여 해설하였다"고 말하며 계시록 해석을 성경의 아무 근거 없이 이만희 자신에게 맞추고 있는 것이다.

계시록 12장에 보면 '해를 입은 여인'이 나온다. 그리고 이 여인은 철장으로 만국을 다스릴 아이를 낳는다고 되어 있다. 이만희는 예언의 실상으로 이만희의 선생이었던 자칭 재림예수 '유재열'이라는 사람을 이 여인이라고 해석하고, 여인이 낳은 철장으로 만국을 다스릴 아이를 이 만희 자신이라고 하여 예언이 이루어졌다고 가르친다.

"'그 여자가 광야로 도망하매 거기서 일천이백육십일 동안 저를 양육하기 위하여 하나님의 예비하신 곳이 있더라'(계 12:8)라고 되어 있는 예언을 유재열이 3년 반 동안 미국 유학 간 것으로 실상이 이루어졌다고 해석한다."(〈신천지 발전사〉, p.44).

너무 한심해서, 구체적 비판을 필요로 하지 않는다고 본다.


### 3. 모든 성경을 비유로 풀어야 하는가?

성경은 역사, 사건, 예언, 비유, 교훈 등의 방법으로 기록되었다. 성경을 해석하는 원리는 무엇인가? 비유로 기록된 것은 비유로 해석해야 하며, 예언은 예언으로 해석해야 하고, 사건이나 역사는 실제의 사건으로 해석해야 한다. 그러나 이 씨의 성경해석 방법은 사건이든지 역사든지 다 비유로 풀이하는 데 문제가 있다. 예수님의 동정녀 탄생은 사건이다. 이 사건은 문자 그대로 동정녀에게서 탄생하신 것을 믿어야 한다. 예수님이 죽으셨다가 삼일 후에 부활하신 일도 사건이기 때문에 문자 그대로 믿어야 한다. 사건이나 역사까지 비유로 풀이하려는 것은 마귀가 하는 짓이다. 이만희의 성경 해석은 어떤가? 성경의 사건이든지 역사든지 다 비유로 풀어서 결국 이만희를 믿게 만드는 교리를 주장하려는 것이다.

이만희의 창세기의 해석을 보면 정말 기상천외하다. 이만희의 주장은 창세기의 창조 사건은 문자로 해석하지 말아야 한다는 것이다.

"창세기 1장을 표면적인 문자에 매여 육적 창조라고 고집하는 주장은 과학적,

논리적, 현실적, 상식적, 모순 투성이이며, 이러한 주장은 오히려 하나님에 대한 불신과 그릇된 성경관을 갖게 되는 유인만 될 뿐이다."(〈성도와 천국〉, p.40).

이만희는 창세기의 창조의 역사를 문자적으로 믿기에는 과학적, 논리적으로 모순이기 때문에 자기 방식의 비유라는 것으로 풀어야 한다고 하는 것이다. 이만희는 결국 말씀으로 창조하신 하나님의 창조의 역사를 모순으로 보고 불신한다. 신천지의 기상천외한 창세기의 해석을 더 살펴보자.

"땅은 흙으로 된 사람을, 하늘은 지도자와 장막을 말하는 것이다. 그곳 선민의 장막에 선민들과 함께 하시던 하나님이 떠나가시니 공허요 빛 되시는 하나님의 성령이 새같이 날아왔다가 떠나갔기 때문에 그 장막은 흑암한 것이다. … 위의 하늘이 흑암하다는 말은 선민 장막의 지도자들과 함께했던 생명의 빛 성령이 새같이 날아 떠나가므로 그 지도자들의 심령이 어두워짐을 말한 것이다."(위의 책, p.42).

신천지의 '혼돈하고 공허한 상태'에 대한 해석이다. 본문의 땅, 하늘, 새 등에 대한 신천지의 해석을 보라. 다 비유 풀이다. 다음은 신천지의 창조 첫째 날에 대한 해석을 보자.

"저녁이 되고 아침이 되니 이를 첫째 날이라고 한다. 이 첫째 날은 언제인가? 오늘날 땅에 속한 무지한 사람들이 이 첫째 날을 자연계의 우주 만물이 창조되기 시작한 첫째 날이라고 주장하고 있으나 이것은 하나님의 영적 말씀을 떠나서라도 과학적, 이치적, 상식적으로 맞지 아니하며 자신의 무식의 소치를 드러내는 것이다."(위의 책, p.46).

신천지는 창조의 하루를 문자 그대로 하루라고 본다면 과학적, 이치적, 상식적으로 맞지 않기 때문에 비유로 풀어야 한다고 주장한다. 그러면 신천지의 이러한 첫째 날의 해석은 무엇인가?

"범죄로 인하여 밤이 된 아담이 930세 동안 살았어도 이는 첫째 날이 아니요 이 밤에 빛인 노아가 출연한 그 날이 첫째 날이다. 밤이 된 모세의 1500년 동안의 세월은 첫째 날도 둘째 날도 아니며 빛으로 오신 예수님으로부터 시작한 그 날이 계수하여 첫째 날이 된다. 그러므로 이 첫째 날은 새 시대가 시작되는 날을 말한다."(위의 책, p.46).

신천지의 주장은 첫째 날이란 하루가 아니라 새로운 인물에 의하여 시작되는 한 시대를 말하는 것이다. 신천지는 말하기를,

"그러므로 한 세대가 끝나고 새로운 한 세대를 맞이하는 때가 첫째 날이다. 이는 하나님이 진리의 소유자 한 빛을 택하여 세우므로 시작된다."(위의 책, p.46)라고 하였다.

왜 이만희는 이렇게 창조의 사건까지 비유로 풀이하는가? 이만희 자신과 자신이 만든 집단을 이 한 세대를 시작하는 빛으로, 새 하늘로 주장하기 위해서인 것이다. 그래서 이만희는 자신의 창조론의 결론을 다음과 같이 내렸다.

"신천지예수교(계 21:) 증거장막성전(계 15:5)은 성경대로 창조된 하늘 장막이 이 땅에서 이루어지고 있는 성전임을 증거 하는 바이다. 만민은 이곳으로 와서 주의 말씀을 받아야 산다."(위의 책, p.115).

성경 자체를 날조하는 신천지에게 무슨 말을 하겠는가.


## 4. 비유는 암호가 아니다

성경에는 비유도 있고 은유도 있다. 그러나 비유가 성경을 풀이하는 '암호'가 되는 것이 아니다. 이만희는 비유를 마치 성경을 해석하는 암호나 키처럼 주장하고 있는데 이는 잘못된 생각이다.

"심령이 하나님의 뜻으로 창조 받지 못한 사람들은 문자에 매여 자기 생각대로 알려고 하기 때문에 비유(암호)된 뜻을 알지 못하는 것이다."(위의 책, p.50).

비유는 그 '문맥'을 따라서 얼마든지 다른 뜻으로 해석될 수 있다. '꽃처럼 아름다운 여자'는 아름다운 여자를 꽃으로 비유한 것이다. 그러나 꽃은 언제나 여자만을 말하는 것이 아니다. 성경의 비유도 그렇다. 신천지는 성경의 나무는 사람을 비유한다고 주장하면서 사람을 나무로 비유한 성경 구절들을 제시하였다(위의 책, p.27~28). 그래서 에덴동산의 나무들도, 계시록의 나무들도 다 사람이라고 해석한다. 정말 어처구니없는 주장이다. 물론 성경에 사람을 나무로 비유한 곳도 있다. 그러나 성경의 모든 나무들이 다 사람을 비유한 것은 절대로 아니다.

성경에 나무의 비유를 보면 어떤 때는 지혜로(잠 3:18), 어떤 때는 혀나 입으로(잠 15:4, 26:9), 어떤 때는 이스라엘 백성으로(사 5:2), 어떤 때는 우상으로(렘 10:8), 어떤 때는 성도의 공력으로(고전 3:13) 표현되었다. 이렇게 때에 따라서 다르게 표현된 비유들을 암호라고 하여 '성경의 나무는 사람을 비유한다'고 할 수 있겠는가? 성경을 읽어보기만 해도 알 수 있는 이 사실을 자칭 보혜사라는 이가 어찌 모르고 있는가? 그러면 교주 이만희가 나무를 사람으로 풀어야 한다고 주장하는 목적은 무엇인가? 나무의 비유 풀이도 역시 '이만희를 따라야 한다'는 주장이 결론이다.

'나무'의 비유 풀이에 대한 이만희의 결론을 보자.

"성도는 성경을 통해 앞서 말한 두 나무 곧 두 목자를 구별하여 믿는 참 신앙인이 되어야 한다. 그리고 사람에게서 말씀을 받아 전하는 세상의 교권주의 자들은 가짜임을 알아야 한다."(위의 책, p.29).

신천지는 나무를 사람이라고 비유 풀이를 하고 영생을 주는 생명나무는 교주 이만희라고 풀이한다. 그래서 영생을 얻으려면 생명나무인 교주 이만희에게 와서 생명과를 먹어야 한다는 것이다. 그러면 생명과는 무엇인가? 신천지에서 말하는 생명과는 이만희가 가르치는 교리라고 해석한다. 결국 교주 이만희가 가르치는 교리를 받아먹어야 영생을 얻을 수 있다는 것이 이만희의 비유 풀이다.

## 5. 신천지의 비유 풀이는 단어중심 해석이다.

성경에는 비유가 있다. 이만희가 비유 풀이를 한다고 해서 비유를 부인하는 것이 아니다. 이만희나 다른 이단들이 비유를 해석하는 방법이 잘못되었다는 것이다. 이단들은 비유를 해석할 때 단어를 중심으로 해석한다. 문장에 있는 단어 하나하나에 답을 주는 방식으로 비유를 해석하는 것이다. 신천지의 비유 풀이 방법도 다른 이단들과 같이 단어중심 해석이다.

"거룩한 것을 개에게 주지 말며 너희 진주를 돼지 앞에 던지지 말라 저희가 그것을 발로 밟고 돌이켜 너희를 찢어 상할까 염려하라."(마 7:6).

이 말씀을 해석할 때 신천지는 "'거룩한 것'은 무엇이고, '개'는 무엇이며, '진주'는 무엇이며 '돼지는' 무엇이다"라고 비유 풀이를 한다. 즉 단어 하나하나를 해석하는 것이다. 이런 방식의 신천지 비유 풀이는 잘못되었다. 비유는 이렇게 단어를 중심으로 해석할 수가 없다. 비유는 단어에 의미가 있는 것이 아니라 내용에 의미가 있기 때문이다. 신천지는 '씨=말씀'이라고 풀이하고 있다. 심지어 신천지 신도들은 '씨=말씀, 나무=사람, 새=영'이라고 외우고 있다. 그러나 성경에 나오는 모든 씨가 말씀일 수가 없다. 문장과 내용에 따라서 '씨'에 대한 해석은 달라진다. 〈눅 8:11〉의 '씨'는 말씀이다. 〈롬 9:7〉의 '씨'는 자손이다. 〈고후 9:10〉의 '씨'는 헌금을, 〈벧전 1:24〉의 '썩어질 씨'는 육체를 말한다.

이렇게 볼 때, 무조건 '씨=말씀'이라고 암기하는 식의 신천지 비유 풀이가 얼마나 잘못된 것인가를 알 수 있다. 단어중심 비유 풀이는 비유를 말씀하신 본문의 뜻을 곡해하게 된다. 〈눅 18:1~8〉의 불의한 재판관과 과부의 비유를 보면, 1절에 "항상 기도하고 낙망치 말아야 될 것을 저희에게 비유로 하여"라고 설명하고 있다. 이 비유는 항상 기도하고 낙망치 말아야 할 것을 말씀하고 있다는 것이다. 그러나 신천지 식으로 한다면 "과부는 뭐고, 재판관은 뭐고, 성은 뭐고, 원한은 무엇이다"라고 풀이될 것이다. 이러한 비유 풀이는 비유의 뜻을 제대로 풀이하지 못하고 왜곡한다. 실제로 이만희의 비유 풀이들을 보면 성경 본문의 내용과 전혀 다른 왜곡된 풀이들이다.


## 6. 비유의 바른 해석 방법

그러면 비유를 어떻게 해석하는 것이 바른 비유 풀이인가? 비유는 어떤 사물이나 현상을 그와 비슷한 다른 사물이나 현상에 빗대어 표현하는 것을 말한다. 헬라어로는 [파라볼레]이다 '곁에'[파라]라는 전치사와 '던지다'[볼레]라는 동사가 합하여 비유[파라볼레]가 된 것이다. 즉 비유[파라볼레]는 '곁에 던지다'이다. 교훈을 더 잘 밝히기 위하여 원리가 같은 다른 내용을 비교해서 교훈을 적용하여 밝히는 것이 비유인 것이다. 이러한 비유를 바르게 해석하려면 먼저 비유에서 말하는 교훈(원리)이 무엇인지 찾아야 하고 그 원리를 적용시켜야 한다.

열 처녀의 비유에서 "열 처녀가 기름을 준비했다"는 내용이 있다. 이런 경우에 이만희는 "'열 처녀'는 무엇이고 '기름'은 무엇이다"라는 식으로 해석한다. 이것이 바로 단어중심 해석 방법이다. 이러한 방법으로 비유를 해석하는 이단에서 가르침을 받고 미혹된 사람들은 "열 처녀가 준비한 '기름'이 무엇이냐?"라고 질문한다. 열 처녀가 준비했던 기름은 무엇일까? 바른 해석은 '기름'이다. 이 비유에서 교훈하는 것은 기름이 아니라 '준비성'이다. 슬기로운 다섯 처녀는 준비를 했고 미련한 다섯 처녀는 준비하지 못했다. 이 비유에서 말씀하고자 하는 교훈은 '준비하는 삶을 살아야 한다는 것'이다.

슬기로운 다섯 처녀가 기름을 준비했듯이 시험을 앞둔 학생은 공부를 하며 준비해야 하고, 설교를 앞둔 목사님은 말씀을 준비해야 한다. 다섯 처녀가 기름을 준비한 것처럼 우리도 준비하는 삶이 되어야 한다는 교훈을 받는 것이 비유의 바른 해석이다. 그래서 이 비유를 말씀하시기 전에 "이러므로 너희도 예비하고 있으라 생각지 않은 때에 인자가 오리라"(마 24:44)라고 하신 것이다. 이러한 비유의 바른 해석을 모르고 단어중심으로 비유 풀이를 하는 신천지는 성경을 억지로 풀고 있는 것이다.

"또 그 모든 편지에도 이런 일에 관하여 말하였으되 그 중에 알기 어려운 것이 더러 있으니 무식한 자들과 굳세지 못한 자들이 다른 성경과 같이 그것도 억지로 풀다가 스스로 멸망에 이르느니라."(벧후 3:16).

# 제 5장  신천지 집단의 실상 교리

신천지 집단의 이만희는 '실상'이라는 교리를 만들어 신도들을 미혹하고 있다. 정통교인들에게는 생소한 '실상 교리'는 신천지에서 정통교회 성도들을 미혹하는 도구이다. 그들은 '실상의 말씀', '실상의 계시' 라고 하면서 실상을 알아야 구원을 받는다고 한다. 신천지 집단의 신도들은 실상 교리에 세뇌되어 종노릇을 하고 있다. 이러한 신천지의 실상 교리가 무엇인지 알아보자.

## 1. 신천지 이만희가 말하는 실상

이만희는 '실상'이라는 말을 '예언이 성취되는 것'이라고 해석하고 예언이 이루어지는 것을 실상이 응한다고 한다. 이만희는 "성경의 예언은 반드시 실상으로 응한다."(《성도와 천국》, p.33)라고 하며 다음과 같이 말한다.

"예언은 일이 이루어질 때 믿으라고 주신 말씀이므로(요 14:29), 일을 성취하기 전까지는 예언을 알아야 하고 일을 이룬 후에는 실상을 알아야 한다. 물론 계시록을 성취하기 전에는 기록한 말씀대로 이룰 것을 믿어야 하며, 이룬 후에는 나타난 실상을 믿어야 한다."(《요한계시록 실상》, 2011년, p.281).

예언이 이루어진 후에 알게 되는 것이 실상이라는 것이다. 그래서 계시도 두 가지의 종류가 있다고 한다. 이만희는 앞으로 이루어질 일에 대하여 받는 계시는 '환상 계시'이며 예언이 이루어진 후에 그 일에 대하여 받는 계시는 '실상 계시'라고 설명한다. 요한계시록을 기록한 사도 요한은 앞으로 이루어질 일을 보고 기록했기 때문에 '환상 계시'를 본 것이라고 한다. 요한계시록의 예언이 이루어질 때 계시를 받고 말하는 것이 실상 계시인데 계시록 예언이 이루어지는 '실상 계시'를 받은 사람이 바로 이만희 자신이라는 것이다.

"계시는 두 가지로 구분한다. 하나는 장래 이룰 일을 이상으로 미리 보여주는 '환상 계시'이며, 다른 하나는 약속한 예언을 실물로 이루어서 보여 주는 '실상 계시'이다. 환상 계시는 이룰 실상에 대해 증거하기 위해 필요한 것으로, 지을 건축물의 청사진과 같다. 약 2천 년 전 사도 요한이 밧모섬에서 본 예수 그리스도의 계시는 환상 계시이다. 당시 요한은 성령에 감동되어 환상으로 예수님의 계시를 받아 기록했지만 그 예언이 언제 이루어지는지, 실체가 무엇인지는 몰랐다. 다만 예수님께서 환상으로 보여주신 계시를 기록했을 뿐이다. 그러나 정한 때가 되면 비유와 비사로 감추어 둔 예언 속의 인물과 사건이 이 땅에 실상으로 나타난다(요 16:25). 그때 예수님께서는 예언대로 나타난 실상을 보여주시고 들려주시니, 이것이 바로 실상 계시이다. 이와 같이 실상 계시는 예언이 응할 때 나타난다. 그러므로 계시록이 응할 때에는 이미 죽은 지 오래 된 사도 요한이 이 땅에 살아나서 자신이 기록한 말씀과 그 실상을 전하는 것이 아니라 '사도 요한과 같은 입장'의 목자(이하 '새 요한')가 나타나서 실상 계시를 보고 듣고 증거하게 된다."(위의 책, p.25).

사도 요한이 기록한 예언이 이루어 질 때 실상 계시를 받아 전하는 목자가 바로 이만희이다. 그래서 이만희를 신천지에서는 '새 요한'이라고 한다는 것이다. 이만희는 이렇게 말한다.

"본장은 예수님께서 약속하신 목자 한 사람을 우리에게 알리는 내용이다. 그는 바로 사도 요한의 입장으로 와서 하늘에서 온 열린 책을 받아먹고 통달한 자(새 요한)요, 보혜사 성령의 위치에 있는 본 장의 천사가 함께 하는 예수님의 대언자이다. 계시록 성취 때에는 새 요한이 계시록 전장 예언과 그 실상을 전하지 이미 죽고 없는 요한이 그 일을 감당하지 않는다."(위의 책, p.192).

이만희의 이러한 주장은 맞지 않다. 환상 계시를 받아 예언하는 선지자가 있고 그 예언이 이루어질 때 실상 계시를 받아 전하는 목자가 있어야 한다는 것은 엉터리이다. 성경의 어떤 예언도 이렇게 성취된 적이 없다. 노아는 비가 올 거라고 사람들에게 예언을 하였다. 즉 환상 계시를 전한 것이다. 그 예언이 이루어 질 때, 즉 예언대로 비가 올 때 다시 '새 노아'가 나타나서 실상 계시를 받아 전하지 않았다. 성경에 계시에 대한 그러한 구분은 없다. 신천지의 실상 계시라는 것은 이만희의 허구에 불과하다.


## 2. 실상을 듣고 믿어야 구원을 받는다.

이만희는 자신이 요한계시록의 실상을 전하는 목자라고 하면서 실상을 듣고 믿는 것이 구원의 길이라고 주장한다.

"예언의 말씀과 그 짝인 실상을 믿는 자는 천국으로, 믿지 않는 자는 지옥으로 가게 된다."(〈요한계시록의 실상〉, 2011년, p.430).

"둘째 사망에 들어가는 자는(8절) 생명책에 녹명되지 못한 자와(계 20:15) 약속한 계시록의 말씀과 실상을 믿지 않는 자이다."(위의 책, p.432).

즉 이만희가 말하는 실상을 알고 믿어야 구원받는다는 말이다.

"모든 인류는 영생과 부활에 이르려면 일곱째 나팔 소리를 들어야 한다. 일곱째 나팔 소리는 여섯째 나팔 소리까지 들어야 알아들을 수 있고, 여섯 나팔 소리는 계시록 1장부터 있어 온 사건을 깨달아야만 알아들을 수 있다. 그러므로 예수님의 재림을 앞둔 오늘날 성도에게는 약속한 계시록의 말씀과 실상을 깨닫는 것이 구원에 이르는 길이 된다."(〈요한계시록의 실상〉, 2017년, p.189).

이러한 이만희의 주장은 맞지 않다. 이만희의 주장대로라면 사도 요한이 2천 년 전에 예언을 한 후 아무도 실상을 모르다가 2천 년 만에 실상을 전해주는 목자가 이만희라는 것인데 이만희가 실상을 전하기 전에 성도들은 아무도 구원을 받을 수 없었다는 말이 된다. 실상을 알지 못했고 믿지 않았기 때문이다.


## 3. 요한계시록 실상 시대

사도 요한이 환상계시를 받아 기록한 요한계시록의 예언은 이루어질 때가 있고, 그 사건이 이루어지는 현장이 있다고 한다. 사도 요한이 예언한 요한계시록도 실상으로 이루어지는 때가 있고 현장이 있다는 것이다. 그러면 요한계시록이 이루어지는 '실상의 시대'는 언제이며 그 예언이 이루어지는 현장은 어디인가? 이만희가 말하는 계시록의 예언이 이루어지는 현장은 유재열 장막성전이라고 한다.

"그럼 일곱 머리와 열 뿔 가진 짐승이 들어간 하늘 곧 하나님의 장막은 어디인가? 그곳은 계시록 1장의 '일곱 별'이라고 하는 일곱 사자가 있는 일곱 금촛대 장막 즉 계시록 사건의 현장이다."(〈요한계시록의 실상〉, 2011년, p.256).

"본문 사건의 현장은 장막 성전이지 전 세계가 아니다."(위의 책, p.263).

계시록의 예언이 유재열 장막성전에서 이루어졌고, 이만희가 만든 신천지 집단에서 이루어졌다는 것이다.

"계시록의 결론은, 영적 이스라엘이라는 한 시대가 끝나고 영적 새 이스라엘이라고 하는 신천지 시대가 열려 열두 지파가 창조되고(마 19:28~29, 계 7장) 그곳에 영계의 거룩한 성 새 예루살렘(계 21장)이 임하여 오는 것이다. 계시록이 응하고 있는 이 시대의 신앙인은 오늘날 창조된 열두 지파에 속해야만 구원받는 하나님의 백성이 된다."(위의 책, p.477).

그에 따르면, 유재열 장막성전과 이만희의 신천지 집단이 요한계시록의 실상이 이루어지는 사건 현장이라는 것이다. 그러면 요한계시록의 실상이 이루어지는 때는 언제인가? 이만희는 1980년 9월부터 1984년 3월 14일까지 마흔두 달의 기간이 실상이 이루어지는 기간이라고 한다.

## 4. 이만희가 말하는 실상 '배도, 멸망, 구원'

이만희는 요한계시록의 실상이 1980년 9월부터 과천 장막성전에서 배도, 멸망, 구원의 순서로 이루어졌다고 주장한다. '배도'란 장막성전을 만든 유재열이 진리를 버리고 이방교회(기성교회)의 교리를 받아들였기 때문에 장막성전이 배도했다고 한다. 그래서 장막성전의 교주인 유재열을 '배도자'라고 한다. 신천지는 첫 장막과 유재열의 배도에 대하여 다음과 같이 말하였다.

"첫언약의 장막은 배도로 말미암아 제직이 총 사퇴하기에 이르렀고, 두 병의 링게르 병에 담아두었던 언약의 피도 땅에 쏟아부었고, 언약의 피로써 주었던 사령장마저 회수하였으며, 이방 목자가 당회장이 되어 주관하고 있는 상황에서 지각있고 분별있는 사람이라면 누가 그곳에 들어가고 싶겠는가?(마 24:15). 지난날 언약의 목자였던 유재열 씨는 이제 신랑(성령)떠난 과부가 되었고 성도들은 부모 잃은 고아가 되었다(애 5 :1〜7)."(신천지, 〈종교세계의 관심사〉, 1984년, p.16).

이만희는 장막성전이 배도한 후에 멸망의 역사가 있었다고 한다. 유재열이 오평호에게 장막성전을 넘겨주고 미국으로 갔는데 오평호는 청지기 교육원을 끌어들여 장막성전을 멸망시켰다고 한다. 그래서 오평호와 청지기 교육원을 '멸망자'라고 한다.

"이 장막성전에 침노한 니골라당은 악을 꾀하는 우리 중(장막목자) 하나와 이방 청지기 교육원 일곱 목자들이다(계 13:17). 이들이 우리 장막성전을 침노하여 자기들의 소유로 삼아 장로교회를 만들었고 본래 하나님과 언약으로 세운 처음 하늘(장막) 처음 땅(백성)은 멸망 받아 없어졌다. 이 일이 바로 배도와 멸망의 일이다."(위의 책, p.35).

그 후 교주 이만희는 신천지 집단을 만들었는데, 이 신천지 집단이 열두 지파 십사만 사천 명으로 된 새 하늘이며 천국이라고 하여 이만희가 만든 신천지 집단을 '구원'이라고 한다.

"이 일 후 하나님은 다시 새 목자와 새 장막과 새 이스라엘 민족을 창조하신다고 약속하시고 예언하신대로 오늘날 나타나 응해진 것이 새 하늘 새 땅 새 예루살렘, 증거장막 성전의 초 종교 새 시대를 맞게 된 것이다."(위의 책, p.36).

즉 이만희가 만든 신천지 집단이 구원의 역사이며 멸망하는 장막성전의 신도들을 빼내는 것이 구원의 역사라는 것이다. 그래서 이만희를 '구원자', '언약의 사자'라고 한다.

"이 첫 언약 장막의 배도 멸망 사건 후 출현하여 배도로 멸망받은 장막인들을 구원하게 된다. 이 상속자 아들은 첫 장막의 말씀 빛보다 7배의 진리의 빛(사 30:26)으로 이방 니골라 당과 싸우며, 교권으로 사로잡아 장로교가 된 그곳에서 빼내는 구원의 일을 하게 된다(성경응함=계 17:14, 18:4). 이방과 싸워 이김으로 해서 상속자가 된 이 아들은(계 21: ) 성경대로 첫 장막 목자에게서 태어난 만국을 다스릴 남자요(계 12:5), 일곱 천사에게 회개의 편지를 보낸 자요(계 2: 3: ), 하늘에서 준 책을 받아먹은 자요(계 10: ), 계시록 전장의 사건을 보고 듣고 지시에 의해서 보고 들은 것을 증거 하는(계 1:1~3, 22:8) 주님의 이름으로 보냄을 받은 언약의 사자인 것이다(마 23:39, 요 14:26, 16:13, 계 2:1~)."(위의 책, p.36). 이만희는 〈요한계시록〉을 이런 내용으로 짜깁기하여 실상이라는 교리를 만들었다. 즉 장막성전과 신천지의 과정이 요한계시록의 예언이 이루어지는 실상이라고 하여 미혹하고 있는 것이다. 이만희의 말을 또 들어보자.

"예언은 배도, 멸망, 구원의 순서로 기록되었고, 배도, 멸망, 구원의 노정으로 이루어진다. 예언은 장래에 이룰 실제를 환상으로 미리 말한 것이므로, 예언서는 성취 때 그 실체를 증거하는 글이 된다. 성도가 믿을 것은 계시될 예언의 말씀과 계시된 실체이다."(〈천지창조〉, p.5~6).


## 5. 실상은 예언의 성취를 말하는 것이 아니다.

이만희가 '실상'이라는 말을 '예언의 성취'라고 하는 것은 국문 해득이 안 되는 이만희의 무지에서 나온 말이다. '실상'이라는 단어에는 '예언의 성취'라는 뜻이 없다. 국문을 배운 적이 없다는 무식한 이만희의 맞지 않는 말을 대학을 졸업한 사람들이 속아서 믿고 있는 것이다. '실상'

을 우리말 사전에서 보면 "실제의 사정이나 정황"이라는 뜻으로써 "사실은"이라는 말로 쓰인다. 또 다른 뜻으로는 "허울이 벗겨진 실제의 진실된 모습을 비유적으로 이르는 말"로써 가려진 부정적인 모습을 밝혀서 말하는 것을 의미하기도 한다. 예를 든다면 "북한의 실상", "통일교의 실상" 등이다. '실상' 이라는 말에 이만희가 말하는 예언의 성취에 대한 뜻은 없다. 성경에서도 '실상'이라는 단어는 '예언의 성취'의 뜻으로 쓰인 적이 없다. 성경에 '실상'이 쓰인 부분을 보자.

[신 9:4]네 하나님 여호와께서 그들을 네 앞에서 쫓아내신 후에 네가 심중에 이르기를 나의 의로움을 인하여 여호와께서 나를 이 땅으로 인도하여 들여서 그것을 얻게 하셨다 하지 말라 <u>실상은 이 민족들이 악함을 인하여</u> 여호와께서 그들을 네 앞에서 쫓아내심이니라

[수 2:6]<u>실상은 그가 이미 그들을 이끌고</u> 지붕에 올라가서 그 지붕에 벌여 놓은 삼대에 숨겼더라

[느 6:2]산발랏과 게셈이 내게 보내어 이르기를 오라 우리가 오노 평지한 촌에서 서로 만나자 하니 <u>실상은 나를 해코자 함이라</u>

[욥 31:18]<u>실상은 내가 젊었을 때부터 고아를 기르기를</u> 그의 아비처럼 하였으며 내가 모태에서 나온 후로 과부를 인도하였었노라

[욥 31:30]<u>실상은 내가 그의 죽기를 구하는 말로 저주하여</u> 내 입으로 범죄케 아니하였느니라

[시 55:21]그 입은 우유 기름보다 미끄러워도 그 마음은 전쟁이요 그 말은 기름보다 유하여도 실상은 뽑힌 칼이로다

[렘 5:2]그들이 여호와의 사심으로 맹세할지라도 실상은 거짓 맹세니라

[요 16:7]그러하나 내가 너희에게 실상을 말하노니 내가 떠나가는 것이 너희에게 유익이라 내가 떠나가지 아니하면 보혜사가 너희에게로 오시지 아니할 것이요

[히 11:1]믿음은 바라는 것들의 실상이요 보지 못하는 것들의 증거니

[계 2:9]내가 네 환난과 궁핍을 아노니 실상은 네가 부요한 자니라 자칭 유대인이라 하는 자들의 훼방도 아노니 실상은 유대인이 아니요 사단의 회라

  신천지 이만희의 실상 교리는 우선 용어부터가 맞지 않는 말이다. '실상'이라는 말이 '예언의 성취'라고 하는 것은 우리말에도 성경에도 사용하지 않는 말이다. 무지한 이만희의 엉터리 교리이다.

# 제 6장 이만희의 실상 '배·멸·구'의 허구

　이만희의 실상 교리는 배도, 멸망, 구원으로 되어있다. 신천지 신도들은 이 실상을 배, 멸, 구라고 줄여서 부른다. 이러한 배, 멸, 구 역사가 유재열 장막성전에서 1980년부터 이루어졌다는 것이다. 장막성전 유재열이 배도를 했고, 오평호가 청지기 교육원을 들어오게 하여 장막성전을 멸망시켰다는 것이며 장막성전이 멸망한 후에 이만희가 신천지 집단을 만들어 이들에게 구원의 역사를 했다는 것이다. 배도자 유재열, 멸망자 오평호, 구원자 이만희가 바로 실상이라는 것이다. 그런데 이 과정이 신기하게도 계시록에 예언된 내용 그대로 실제로 이루어졌다는 것이다. 육하원칙에 따라 실상이 딱 맞다 하여 이만희를 구원자로, 신천지 집단을 계시록에 예언된 새 하늘 곧 천국으로 믿고 있는 것이다. 과연 이만희가 말하는 배, 멸, 구의 사건이 계시록에 예언된 실상일까? 그리고 딱 맞는 것일까? 결론부터 말한다면 이만희의 실상교리는 사실이 아닌 조작된 허구이다. 이만희의 실상의 허구를 하나씩 밝혀본다.

## 1. 이만희의 실상 '배도'의 허구

### 이만희가 말하는 배도의 과정

　신천지 교주 이만희는 유재열이 인도하는 장막성전의 신도였다. 즉 이만희는 유재열의 제자였다. 이만희는 유재열의 제자였기 때문에 유재열이 세례 요한의 입장으로 온 길 예비 사자라고 한다. 세례 요한이 예수님의 앞에 와서 길을 예비했듯이 유재열이 재림주인 이만희의 길 예비자로 왔다는 것이다. 유재열은 길 예비 사자이며 유재열의 장막성전은 길 예비 장막이라고 한다.

"유인구 씨와 유재열 씨는 초림 때 사가랴와 세례 요한의 심령으로 와서 다시 오시는 주님의 길 예비 등불의 역사를 하신 것이요, 우리는 일시 그 빛에 즐거이 있기를 원했던 것이다."(〈종교세계의 관심사〉, p.36).

"그러므로 주 재림 때도 초림 때와 같이 길 예비 장막이 성경대로(계 1:13) 먼저 있어야 하고, 서기관과 바리새인 같은 멸망자들이 침노하는 일이 있어야 성경이 응해진다. 이때 이 현장에서 이 사건을 보고 듣고 하나님의 지시에 의해 증거하는 목자와 성전이 성경대로 출현하여 우리 성도들에게 증거해 주어야 한다."(〈성도와 천국〉, p.84).

유재열 장막성전이 먼저 있고 유재열과 장막성전은 배도하고, 멸망자들에게 침노를 당하는 역사가 있는데 이만희는 현장에서 이 사건을 보고 성도들에게 증거해 준다는 것이다. 이것이 그가 말하는 실상이다. 유재열은 세례 요한에 해당되며 배도를 하여 배도자가 된다. 유재열이 배도자라는 것은 처음에는 성령을 받아 진리를 말했으나 진리를 배도하고 이방교리를 받아들였다는 것을 말한다. 이만희는 실상에서 유재열을 배도자로 만들기 위해 배도하기 전의 유재열과 장막성전은 하나님의 역사이며 성령의 역사라고 한다. 장막성전의 출범에 대하여 이만희가 하는 말을 보자.

"1966년 2월 17일 경기도 시흥군 과천면 하리(삼거리)에서 몇 명이 모여 다락방 기도회로 시작되었다. 이곳에 모인 신자들은 대부분 청계산에 있었던 호생

기도원 출신들이었다. 이들은 1966년 4월 4일 하나님의 지시에 따라 과천면 소재 청계산에 입산하여 초막을 짓고 성신으로부터 100일간 양육을 받았다."(사 1:1~4)."(〈종교세계의 관심사〉, p.3).

"이것이 동산의 초막(애 2:7), 이들이 하나님의 일곱 촛대이다(계 2:3). 이곳이 그들을 위하여 찾아 두었던 땅이다(겔 20:6). 이곳이 하나님과 피로 언약한 곳이요, 하나님께서 함께하신 거룩한 곳이다(출 31:16~18)."(위의 책, p.60).

이만희는 장막성전이 시작된 곳을 하나님께서 함께하신 거룩한 곳이라고 시인하였다. 그는 유재열에 대해서 이렇게 말했다.

"유재열은 17세로서 고등학교 2학년을 중퇴하고 신앙에 뛰어든 소년이었다. 영명(靈名)은 그 사람과 함께하는 영을 보고 그 영의 이름을 부르게 된 것이요, 사명과 영명은 임마누엘 왕이 하나님으로부터 계시와 환상에 의하여 임명한 것이다."(위의 책, p.3). 이만희의 말에 의하면 유재열은 하나님의 계시와 환상에 의하여 임명된 사람이라는 것이다. 이만희는 유재열의 설교에 대해서도 언급한 바 있다.

"단상에 함께 앉은 7천사 중 유재열 천사가 설교를 맡고 사회와 광고는 신종환 씨가 했다. 설교 중 그것을 뒷받침하기 위해 필요한 성구 낭독은 나머지 6천사가 찾아 읽었고 설교와 예배시간은 약2~3시간 정도 되었다. 설교는 성경 중심으로 하고 세상 이야기는 전혀 하지 않았으며, 38과 교재에 해당하는 성경의 비유 풀이와 말씀의 짝을 찾아 풀이하는 설교였다."(위의 책, p.7).

이렇게 이만희는 유재열의 설교도 성경적인 설교라고 인정하였다. 배도하기 전의 유재열은 선지자이며 주님이었고, 〈계 11장〉의 두 증인이었다(〈종교세계의 관심사〉, p.8). 또한 〈계 10장〉의 책 받아먹은 자였다(위의 책, p.49). 이러한 유재열이 배도한 것은 1980년이었다고 한다.

"장막성전 창립 14년만인 1980년 5공화국 초기, 사이비종교 정화를 위해 현대종교문제 연구소장 탁명환 씨에게 지시가 있을 즈음 장막성전도 이단으로 분류 사이비종교 정화라는 미명하에 이방에 침노당하고 만다. 이방 천주교 소속에서 장로교 소속이 된 후 장막성전에 입적한 오평호 목사의 주선으로 장로교회와 결탁되었고, 장막성전 빚을 갚아주는 조건으로 신도 50명을 장로교 신학교에 입적하게 되었다. 이때부터 장막성전은 장로회 교권 안에 빠져들게 되었고, 하나님은 언약의 법을 배반한 장막성전을 이방의 손에 붙이게 되었다. 이 행위가 하나님으로부터 버림받은 일이요, 진실한 성읍이 미혹을 받아 포도주에 물이 섞여지는 창기의 행위이며, 세상에 오염되는 배도의 길이었다."(위의 책, p.10).

신천지 발전사 도표에도 다음과 같은 기록이 있다.

"1980년 9월 언약한지 14년만에 천사 종 이하 제직들이 총 사퇴함. 영명 삼손은 영원한 언약을 파하였고 배도자가 되었다."(〈신천지 발전사〉, p.30).

처음에는 성령으로 시작했으나 이방교리를 받아들여 배도자가 되었다는 것이 이만희의 실상이다. 또 이만희는 유재열을 배도자이며 〈계 12장〉의 1,260일 동안 광야로 도망가는 여자로 해석하기 위하여 미국에 가서 1,260일 동안 신학 공부를 했다고 한다.

"첫 장막성전에서 어린 종, 주님, 선지자님 등으로 불리우는 유재열 씨는 오평호 목사에게 모든 권한을 넘겨주고 1980. 10월 말 경에 미국으로 유학을 떠나게 된다. 미국 웨스트민스터신학교에서 신학박사 학위를 받아 3년 6개월 후인 1984년에 돌아온다. 요한계시록 12장 6절에서 13절 말씀대로 뱀의 낯을 피하여 큰 독수리의 두 날개를 받아 광야로 가서 한 때, 두 때, 반 때를 양육 받는 일이 현실적으로 나타난 사건이다."(〈신천지 발전사〉, p.44).

이만희는 이 일을 실상이라고 하여 유재열이 미국 웨스트민스터신학교에서 3년 반 동안 공부해서 신학박사 학위를 받았다고 가르쳤다.

"영명 삼손 유재열 씨는 미국 장로회 소속 웨스트민스터신학교에 입학하여 박사학위를 받아왔으니."(《종교세계의 관심사》, p.15).

### 이만희의 실상 배도는 허구이다.

유재열이 배도했으며 배도자라는 실상은 사실이 아닌 조작된 허구이다. 이만희는 사실이 아닌 내용을 조작하여 실상이라는 것을 만들어냈다. 배도라고 하는 유재열과 장막성전의 실상 교리의 허구를 밝혀본다.

**첫째, 유재열은 처음부터 배도자이며 장막성전은 사이비 종교였다.**

유재열이 배도자가 되려면 처음에는 진리를 말하고 성령의 역사가 되어야 한다. 진리에서 돌아서는 것이 배도이기 때문이다. 그래서 이만희도 유재열과 장막성전의 역사가 처음에는 성령의 역사였다고 한 것이다. 그러나 이는 사실이 아닌 거짓말이다. 이만희는 유재열과 장막성전이 1980년 9월에 배도했다고 주장하는데 사실이 아니다. 유재열과 장막성전은 처음부터 사이비 종교였다. 1976년 2월 14일자 경향신문에 다음과 같은 기사가 실렸다.

"서울지검 영등포지청 진용치 검사는 14일 사이비종교인 장막성전 교주 유재열 피고인에게 사기 공갈 무고 폭력행위 등 처벌에 관한 법률위반죄를 적용 징역15년을 구형했다."

1976년에 사이비 종교 교주로 15년 구형을 받은 유재열을 성령의 사람이었다고 할 수 있겠는가? 사기, 공갈, 폭력행위는 사이비 종교에 있는 일이다. 또 장막성전 유재열에 대하여 경향신문 1975년 9월 6일자 신문 기사는 다음과 같이 보도하였다.

"검찰에 따르면 교주 유씨는 67년 3월 14일 경기도 시흥군 과천면 막계 2리에 대한기독교 장막성전이라는 사이비 종교단체를 만들어 자신을 천사, 군왕, 선지자라고 부르면서 기독교 교리를 주술적 신앙과 결부시켜 왜곡선전, 교회 건물과 자신의 호화 주택(시가 2천만 원)을 신도들의 헌금과 강제노역으로 신축했다는 것이다. 유씨는 또 지난 71년 8월 서울 청계7가에 서울시 지회를 건립하면서 종합건립비가 부족 된다며 신도 최윤재씨 소유인 가옥(시가 1백 10만원)을 근 저당 설정. 돈을 받은 뒤 유흥비 등으로 탕진했다는 것이다.”

　유재열은 신도들의 돈을 모아 호화 저택을 건축하고 신도들의 돈을 받아 유흥비로 탕진하는 사이비 종교 교주였고, 장막성전은 기독교 교리를 주술적 신앙과 혼합시킨 사이비 종교였다. 성령과 진리 가운데 있던 유재열과 장막성전이 배도했다는 실상은 맞지 않는 허구일 뿐이다.

### 둘째, 유재열의 3년6개월 유학의 실상도 허구이다.

　신천지 이만희는 유재열을 〈계 12장〉에 여자의 실상이라고 하기 위하여 유재열이 미국 웨스트민스터신학교에 유학하여 박사학위를 받아왔다고 거짓말을 한다. 이만희가 말하는 이 실상도 사실이 아닌 허구이다. 미국 웨스트민스터신학교에서 신학박사 학위를 받으려면 대학을 졸업하고 대학원에 입학한다 해도 7년에서 10년의 기간이 필요하다. 이만희에 따르면 유재열은 고등학교 2학년을 중퇴한 사람이다.

　“유재열은 17세로서 고등학교 2학년을 중퇴하고 신앙에 뛰어든 소년이었다. 영명은 그 사람과 함께 하는 영을 보고 그 영의 이름을 부르게 된 것이요, 사명과 영명은 임마누엘 왕이 하나님으로부터 계시와 환상에 의하여 임명한 것이다.”(〈종교세계의 관심사〉, p.3).

　고등학교를 중퇴했다는 유재열이 무슨 수로 웨스트민스터신학교의 박사 과정에 입학했다는 것인가? 이만희에 따르면 유 씨는 박사 과정은

고사하고 대학 과정에도 들어갈 수 없는 사람이다. 그런데 이만희는 유재열이 신학박사 학위를 받아왔다고 거짓말을 하고 있다. 실제로 유재열은 미국 웨스트민스터신학교에 입학한 적도 없고 신학박사 학위를 받은 적도 없다. 〈한국기독교이단상담소협회〉에서 미국 웨스트민스터신학교에 조회해 본 결과 유재열은 입학한 적도 없는 사람이었다. 이만희는 거짓말을 하여 허구로 실상교리를 만들어낸 것이다. 유재열의 웨스트민스터신학교 문제에 대하여 이만희가 답변한 영상이 있다. 이만희는 거짓말한 것에 대하여 어떻게 변명하였을까? 이만희의 육성 녹취록을 확인해보자.

"여기에서러, 우리 여기에 있는 성도하고 나아가서는 저 안티니 뭐니 우리 핍박하는 저 사람들 하고 서로 주고받은 내용들이 있어요 있는 것입니다. 내용에 볼 거 같으면 어떤 말이 있느냐? 유재열이가 웨스트민스터신학교 수료했느냐 졸업했느냐 그런 문제죠. 그래 뭐라케서 내가 봤느냐? 들었느냐? 글로 끝나죠? 아- 내가 거 가봤느냐? 그러면 될꺼예! 나는 들었으니까 들은 걸 말할 수밖에 없지? 없다! 그런데 내가 봤느냐? 들었냐? 니는 따라가 봤느냐? 그런 것 아니겠습니까? 니도 누에게 들었겠지? 마찬가지죠? 또 그 마귀하고 말할 가치가 있을까요? 말도 안 되는 소리들인 것입니다."(이만희, 2008년 12월 4일 녹취록).

이만희는 보고 들은 것을 실상으로 증거했다고 하였다. 그런데 이만희는 "내가 봤느냐? 들었느냐?"라고 답변하고 있다. 자기도 잘 모르는 일을 다른 사람들에게 들은 부정확한 증거로 실상 교리를 만들었다는 것이다.

### 셋째, 유재열이 배도자라면 이만희의 계시록 해석은 맞지 않다.

이만희는 유재열이 배도하기 전에는 성령의 양육을 받았고 하나님의 계시와 환상에 의하여 세워진 사람이라고 하였다. 그렇다면 유재열이 배도하기 전의 역사가 성령의 역사라는 말이다. 당시에 유재열의 장막성전에서는 14만 4천, 인 맞은 자들을 모으는 일을 했다. 이는 계시록의 어떤 실상인가?

"말세에는 14만 4천의 인 맞은 자만이 심판에서 피할 수 있다는 주장에 따라 이곳에 입주한 신도가 640세대에 이르고 있다."(종교세계의 관심사, p.49).

〈계 7장〉의 14만 4천, 인 맞는 실상은 유재열이 모은 14만 4천이 맞는가? 이만희가 모은 14만 4천이 맞는가? 당시 유재열과 유인구는 〈계 11장〉의 두 증인이라고 하였다. 이는 신천지에서 발행한 책에도 나와 있다.

"두 증인 : 유인구, 유재열 부자"(위의 책, p.49).

이때는 배도하기 전이다. 이만희보다 먼저 유재열 부자가 두 증인이었다. 〈계 11장〉의 두 증인은 유재열 부자인가? 이만희, 홍종효인가? 실상의 인물은 바뀌지 않아야 한다. 그렇다면 유재열 부자가 두 증인이라는 말이 된다. 이만희는 두 증인이 될 수 없다는 것이다.

유재열은 첫 장막을 할 때 자신이 〈계 10장〉의 말씀대로 책 받아먹은 자라고 하였다(〈종교세계관심사〉, p.49). 유재열이 배도하기 전에 한 말이니 그 말이 맞다면 이만희가 책 받아먹었다는 실상은 맞지 않는다. 이만희가 받아먹기 전에 유재열이 받아먹었기 때문이다. 〈계 10장〉의 책은 한 권이므로 이만희의 실상은 맞지 않는 허구이다. 유재열이 성령으로 시작했고 배도했다면 이만희가 주장하는 12지파 창설, 책 받아먹은 자, 두 증인 등의 실상은 맞지 않는 것이 된다.

## 2. 이만희의 실상 '멸망'의 허구

### 이만희가 말하는 멸망

이만희는 배도한 장막성전이 오평호와 청지기 교육원에 의해 멸망하였다고 한다. 장막성전에 청지기 교육원이 침노하여 마흔두 달간 멸망시켰다고 한다.

"언약의 장막성전을 침노한 이방 청지기 교육원은 서기관과 바리새인들의 역할로 거룩한 곳 장막성전에 선 것이다(마 23장, 24장 5절 응함). 이날 이때 하나님의 장막성전 사람들이 하나님과의 언약을 버리고 아담같이(호 6:7) 침노한 그들과 손을 들어 언약한 것이 곧 이마와 오른손에 표 받은 사건이요(계 13장) 이 일이 하나님이 예언해 놓으신 배도와 멸망의 사건인 것이다."(〈종교세계의 관심사〉, p.36).

그래서 이만희는 청지기 교육원을 니골라 당이라고 하며 니골라 당인 청지기 교육원이 오평호에 의하여 장막성전에 들어와 장막성전을 짓밟고 멸망시킨 일이 신천지의 실상인 배, 멸, 구 중에 '멸(멸망)'에 해당된다는 것이다. 이에 대하여 이만희는 이렇게 말한다.

"이 장막성전에 침노한 니골라 당은 악을 꾀하는 우리 중(장막목자) 하나와 이방 청지기 교육원 일곱 목자들이다(계 13:17). 이들이 우리 장막성전을 침노하여 자기들의 소유로 삼아 장로교회를 만들었고 본래 하나님과 언약으로 세운 처음 하늘(장막) 처음 땅(백성)은 멸망 받아 없어졌다. 이 일이 바로 배도와 멸망의 일이다."(위의 책, p.35).

이만희는 니골라 당인 청지기 교육원이 장막성전에 들어와 짓밟고 멸망시켰다고 하는데 그 멸망의 기간을 마흔두 달이라고 한다.

"계시록 13장에서는 용(마귀)에게 권세를 받은 일곱 머리와 열 뿔 가진 짐승이 하늘 장막을 마흔두 달 동안 사로잡는다고 하였다. 이 말씀을 본문 2절에 비추어 볼 때 성전 밖 마당은 곧 '하늘이라고도 하는 장막'이며, 이방인은 '일곱 머리와 열 뿔 가진 짐승'임을 알 수 있다. 이 밖 마당은 비록 짐승에게 짓밟히지만 배도하기 전에는 예수님께서 왕래하시던 곳이었으므로(계 1:12~13, 2:1) 본문에서는 거룩한 성이라 기록하고 있다."(〈요한계시록의 실상〉, 2017년, p.200).

## 대통령의 사이비 종교 정화 명령과 지시는 없었다.

교주 이만희는 장막성전의 멸망이 청지기 교육원에 의한 것으로 하기 위하여 거짓 주장을 한다.

"장막성전 창립 14년 1980년 5공화국초. 정부는 당시 '국제 종교문제 연구소' 소장 탁명환 씨에게 사이비 종교를 정화하라는 지시를 내렸다. 그가 장막성전을 이단으로 분류함으로써 언약의 제단은 '사이비 종교 정화'라는 정부의 미명 아래 본격적으로 이방에게 침노를 당하기 시작하였다."(〈종교세계의 관심사〉, p.22).

만희교 신도들이 실상이라고 믿고 있는 이 씨의 이러한 주장은 사실이 아니다. 5공화국에서 사이비 종교를 정화하라는 지시를 고 탁명환 소장에게 한 적이 없다. 이는 만희교의 조작된 거짓 실상일 뿐이다. 탁 소장에게 내린 정부의 지시에 의하여 유재열 장막성전이 무너졌다는 것은 상식적으로도 이해가 가지 않는다. 당시 이단으로 분류된 수백 개의 사이비 종교가 있었다. 그러나 당시에 유재열 장막성전 외에 다른 사이비 종교들은(통일교, 정명석 집단, 새일교 등) 무너지지 않았고 지금까지 건재하다. 만일 대통령이 사이비 종교를 정화하라는 특명을 탁 소장에게 내렸다면 그가 유재열 장막성전만 무너지게 했을 리가 없다. 당시 탁명환 소장은 통일교, 정명석 집단 등을 사이비 이단종교로 보고 있었기 때문이다. 실제로는 당시 사이비 종교 정화 명령이 내려진 적두 없고 이에 따라 무너진 이단 종파도 없었다. 이만희 교주의 주장은 거짓이다.

**청지기 교육원은 장막성전을 멸망시킨 적이 없다.**

이 교주는 청지기 교육원이 장막성전에 들어와 마흔두 달 동안 짓밟고 멸망시켰다고 주장한다.

"성전 밖 마당은 주께서 이방인에게 주어 마흔두 달 동안 짓밟게 하였으므로 척량하지 않는다. 성전 밖 마당의 실상은 배도로 쫓겨난 일곱 금촛대 장막의 성도요 이방은 무저갱 짐승 같은 목자이다."(《요한계시록의 실상》, 2017년, p.219).

그리고 이것이 실상이라고 한다. 청지기 교육원이 장막성전에 침노하였다고 하는 이 실상은 사실이 아니다. 그렇다면 청지기 교육원은 무엇인가? 이곳은 목회자 재교육을 위하여 만들어진 것으로 목회자들을 교육하는 세미나 등을 인도하는 사설 단체였다. 청지기 교육원은 장막성전에 들어온 적도 없고 침노한 적도 없다. 더구나 마흔두 달 동안 짓밟았다는 것은 거짓 주장이다. 만희교 신도들은 교주 이 씨가 가르치는 거짓말을 확인도 해보지 않은 채 맹목적으로 믿으며 거짓 종교사기에 인생을 걸고 있는 것이다.

**유재열의 장막성전은 왜 무너졌는가?**

장막성전이 무너진 것은 청지기 교육원이 침노해서도 아니고 사이비 종교 정화 때문도 아니다. 1975년 9월 교주 유재열이 구속된 사건이 원인이었다. 유재열은 왜 구속되었는가? 1975년 9월 6일자 동아일보의 기사에 의하면 유 씨는 사기사건에 연루되어 구속되었다. 사기사건이라면 고소인이 있지 않았겠는가. 과연 유재열을 고소해서 구속시킨 고소인들은 누구인가? 멸망자라면 이 고소인들이 멸망자일 것이다. 고 탁명환 소장은, 당시에 유재열을 구속시켰던 고소인은 교주 이만희 씨를 포함한 신도들이었다고 밝힌 바 있다.

"67년 2월 경북 청도 출신 이만희 씨는 장막성전에 들어가 재산을 다 털리고 사기를 당했다고 하면서 이탈하였으며 71년 9월7일에는 이만희 씨에 의해 40여 개 항목의 혐의로 고소를 당한 유 교주와 김창도(미카엘 천사)는 법정에 서기까지 했다."(탁명환, 국종출판사, 〈한국의 신흥종교Ⅲ〉, 1992년, p.56).

결국 장막성전을 무너지게 했던 멸망자는 고소인 이만희 씨였다. 청지기 교육원이 장막성전에 침노해서 멸망시켰다는 이만희의 실상은 사실이 아닌 허구이다. 따라서 청지기 교육원이 멸망자라는 주장은 조작된 거짓 주장이다.

# 제 7장 책 받아먹었다는 거짓말

이만희는 자신이 만든 실상교리, 배·멸·구에서 자신이 구원자라고 주장한다. 이만희 자신이 구원자, 곧 요한계시록의 실상의 인물임을 증명하기 위해 그는 자신이 책 받아먹은 자라고 강조한다. 이만희가 책을 받아먹고 그 책의 내용대로 신천지 집단을 만들었다는 것이다. 그래서 신천지 집단은 요한계시록의 예언대로 만들어진 천국이며, 새 하늘, 새 땅, 신천지라고 주장하는 것이다. 이만희는 정말 계시록 10장의 예언대로 책을 받아먹었을까? 결론부터 말하면 책 받아먹었다는 것은 허구이며 거짓말이다. 신천지 신도들은 확인도 해보지 않고 허구를 실상이라고 믿고 있다. 책 받아먹었다는 이만희의 주장을 먼저 나열하고 그것이 왜 거짓말인지 밝혀보자.

## 1. 책 받아먹었다는 이만희의 실상

**천사가 가진 책은 계시록이다.**

요한계시록 10장에는 사도 요한이 천사가 가진 책을 받아먹는 내용이 나온다.

"하늘에서 나서 내게 들리던 음성이 또 내게 말하여 가로되 네가 가서 바다와 땅을 밟고 섰는 천사의 손에 펴놓인 책을 가지라 하기로 내가 천사에게 나아가 작은 책을 달라 한즉 천사가 가로되 갖다 먹어 버리라 네 배에는 쓰나 네 입에는 꿀같이 달리라 하거늘 내가 천사의 손에서 작은 책을 갖다 먹어 버리니 내 입에는 꿀같이 다나 먹은 후에 내 배에서는 쓰게 되더라 저가 내게 말하기를 네가 많은 백성과 나라와 방언과 임금에게 다시 예언하여야 하리라 하더라."(계 10:8~10).

이 내용에서 천사의 손에 펴 놓은 책이 있는데 이만희는 이 책을 '요한계시록'이라고 해석한다.

"하늘로부터 음성이 있어 천사의 손에 펴 놓은 책을 요한에게 받아먹으라 했다고 한다(8절). 그 음성은 영계에 계신 하나님의 목소리이며, 천사가 가지고 온 책은 본장 2절에서 설명한 계시록이다. 하나님의 뜻대로 요한은 그 책을 천사에게서 받아먹게 된다."(〈요한계시록의 실상〉, 2011년, p.190).

**책을 받아먹은 자가 길이요 진리요 생명이 된다.**

요한계시록에는 사도 요한이 책을 받아먹는 것으로 되어 있으나 새 요한인 이만희가 책을 받아먹음으로 실상이 이루어진다는 것이다. 책을 받아먹은 이만희는 길이요 진리요 생명이 된다고 한다.

"하나님의 책을 받아먹은 요한(새요한)은 이제 걸어 다니는 성경이 되고, 새 언약의 말씀인 계시록을 새긴 언약의 사자가 되며(말 2:4~7),살아 움직이는 하나님의 인(印)이 된다. 또한 하나님의 말씀이 천국으로 인도하는 길이요 진리요(요 17:17) 생명이며(요 1:1~4) 하나님의 씨이므로(눅 8:11), 말씀을 받은 요한도 길이요 진리요 생명이 된다. 그리고 신랑되신 예수님을 통해 하나님의 씨를 받은 요한이 예수님의 신부가 된다."(위의 책, p.190).

**책 받아먹었기에 이만희가 보혜사이다.**

이만희가 책을 받아먹었기에 자신이 대언자가 되고 보혜사가 된다고 한다.

"그는 바로 사도 요한의 입장으로 와서 하늘에서 온 열린 책을 받아먹고 통달한 자(새 요한)요, 보혜사 성령의 위치에 있는 본 장의 천사가 함께 하는 예수님의 대언자이다."(위의 책, p.192).

"하늘에서 말씀의 책을 가지고 온 천사는 대언의 영, 진리의 영(요 17:1)으로 이 영이 책을 받은 사도 요한 격인 목자와 하나되어 역사하니 진리의 영이 함께 한 사도 요한 격인 목자를 보혜사라 한다."(이만희, 〈계시〉, 도서출판 신천지, 1999년, p.193).

결론적으로 말해서 이만희가 책을 받아먹었기 때문에 보혜사가 되고, 대언자가 되고, 예수님의 신부가 된다는 것이다.

### 책 받아먹는 것이 계시 받는 것이다.

이만희는 책 받아먹은 것이 곧 계시 받은 것이라고 주장한다.

"예수 그리스도의 계시는 어떤 순서로 종들에게 전달되는가? 계시록 5장에 보면 하나님께서는 그 손에 봉한 채로 있던 책을 예수님에게 주셨고, 예수님은 그 책의 인을 다 떼어 10장의 천사에게 주셨다. 천사는 그 책을 요한에게 받아먹게 하고 기록된 말씀을 백성과 나라와 방언과 임금 곧 종들에게 전하라고 하셨다. 그러므로 본문 1절에 밝힌 바와 같이 예수 그리스도의 계시는 하나님, 예수님, 천사 요한, 종들의 순으로 전달된다."(〈요한계시록의 실상〉, 2011년, p.27).

"천사가 그 책을 새 요한에게 주어 먹게 한 후 그 책의 말씀 곧 계시를 전하게 하였다. 천사는 하나님께서 예수님과 천사를 통해 새 요한에게 주시는 하나님의 편지이며 영생의 떡(감추었던 만나)이다. 계시 책을 받은 새 요한은 걸어

다니는 하나님의 계시 책이 되었으니, 이 책의 계시를 받은 자는, 하나님의 편지를 받은 것이요, 감추었던 만나 곧 하늘에서 주는 영생의 떡을 받아먹은 것이 된다. 신약의 이 계시는 새 요한을 통해 받게 된다."(위의 책, p.193).

결국 이만희가 책을 받아먹었다는 말은 계시를 받았다는 말이다.

**책 받아먹은 후 그 책의 말씀으로 배도자와 멸망자를 심판한다.**

이만희는 책을 받아먹은 후부터 배도자와 멸망자를 받아먹은 책의 말씀으로 심판한다고 한다.

"이와 같이 천사가 책을 가지고 일곱 우뢰와 함께 땅과 바다를 심판하는 광경을 본 요한은 자신도 일곱 사명자를 세워서 그들과 함께 책의 말씀으로 배도자와 멸망자를 심판하게 된다."(위의 책, p.187).

이만희가 배도자와 멸망자를 심판하는 것으로 실상은 되어 있다. 무엇으로 심판할까? 말씀으로다. 그 말씀은 받아먹은 책의 말씀으로 한다는 것이다. 따라서 이만희가 말씀으로 배도자와 멸망자를 심판하는 것은 책 받아먹은 후에 되는 일이다.

**받아먹은 책의 말씀으로 이 땅의 장막을 이룬다.**

이만희가 이 땅에 나라와 제사장을 창조한다고 하는데 이것은 신천지 집단을 말한다. 이만희는 신천지 집단을 만들어 자신이 하나님의 인을 쳐서 12지파 14만 4천 명을 창조한다고 한다. 그 인은 이만희가 책을 받아먹음으로 곧 자신이 하나님의 인이 되었다고 주장한다.

"그러므로 본문의 천사가 가져온 하나님의 인은 하나님의 책 성경이다. 그리고 이 책을 받아먹은 사람이(계 10:) 곧 하나님의 인이다."(〈계시〉, 1999년, p.140).

그래서 인치는 일은 책 받아먹은 후에 있는 것이다. 이만희는 또 다음과 같이 말한다.

"지금까지 봉함되어 있어서 아무도 펼치지 못했던 책을 어린 양이 인을 떼시고 펼쳐 증거함으로 해서 그로부터 이 펴 놓인 책을 받아먹은 사자가 나타난다. 비로소 그 사자를 중심하여 인치는 일이 시작되는 것이다. 이것이 구원의 역사이다."(이만희, 〈계시록의 진상〉, 도서출판 신천지, 1985년, p.85).

이것을 이만희는 '창조'라고 하는데 이만희가 책을 받아먹은 후 하나님의 인이 되어 12지파 14만 4천인을 창조한다는 것이다.

"예수님께서는 본 장과 같이 하나님의 손에서 취하신 봉한 책을 6장과 8장과 같이 떼시고 10장과 같이 천사를 통해 새 요한에게 주신다. 새 요한은 펼쳐진 책의 말씀을 백성과 나라와 방언과 임금에게 전하니, 하나님의 나라와 제사장이 7장과 12장과 14장과 20장의 약속대로 창조된다."(〈요한계시록의 실상〉, 2011년, p.105).

이만희가 책을 받아먹고 그 책의 내용대로 창조한 나라가 곧 신천지 집단이라는 것이다.

**책을 받아먹은 후에 1,260일을 예언한다.**

계시록 11장에는 두 증인이 1,260일을 예언한다고 되어 있다. 이만희는 두 증인이 바로 이만희, 홍종효 두 사람이라고 했다. 그러면 이만희는 언제 1,260일을 예언했는가? 이만희가 책을 받아먹고 그 책으로 예언했다고 한다.

"나의 두 증인에게 권세를 준다고 하시는 '나'라고 하시는 분은 요한에게 책을 갖다 준 천사 곧 구름을 입고 오신 분이다. 이 분이 권세를 두 증인에게 주신다. 굵은 베옷을 입었다는 말은 회개시키는 사명을 입었다는 말이다. 이 두 증인이

1,260일간 책과 지팡이를 가지고 예언한다."(이만희, 〈계시록 완전해설〉, 도서출판 신천지, 1986년, p.138).

### 책 받아먹은 후에 일곱째 나팔을 불게 된다.

신천지의 가장 중요한 교리는 일곱째 나팔이다. 신천지 교리에 의하면 이 일곱째 나팔은 재림 때에 부는 마지막 나팔이며 이 나팔이 구원의 나팔이다. 일곱째 나팔 소리에 죽은 자가 살아난다고 한다.

"마지막 나팔 소리가 날 때 육신이 죽은 자들은 썩지 아니할 것으로 다시 살고, 육신도 살아있는 자들은 변화한다고 한다. 또 이 썩을 몸이 썩지 아니함을 입고 이 죽을 몸이 죽지 아니함을 입음으로 사망이 생명에게 삼킴을 받는다고 하였으니 곧 부활과 영생이다."(〈요한계시록의 실상〉, 2011년, p.215).

일곱째 나팔로 영생이 이루어진다고 하기 때문에 매우 중요하다. 이 일곱째 나팔은 이만희가 불게 되는데 책 받아먹은 후에 불게 된다는 것이다. 일곱 나팔 중에 여섯 나팔은 마흔두 달 기간 중에 불게 되고 일곱째 나팔은 마흔두 달이 지난 후에 불게 된다.

"마지막 나팔인 일곱째 나팔은 대적인 마귀에게 사로잡혀 마흔두 달 동안을 짓밟힌 후에 불게 된다(계 11: 2). 이 일이 있고 난 후에 사로잡힌 이 모든 족속이 멸망 받았음을 알리는 나팔로 마흔두 달의 사로잡힌 고역의 때가 마치면 그곳에서 빼내오는 역사 곧 회복의 역사를 알리는 구원의 청신호이기도 하다."(〈계시록의 진상〉, p.127).

책 받아먹는 사건은 여섯째 나팔이 불 때 있게 된다. 그리고 책을 받아먹은 후에는 일곱째 나팔을 불게 된다.

"여섯 번째 천사가 나팔을 부는 기간 중에(계 9장) 요한에게 나타났다. 천사는 요한에게 책을 받아먹고 거기에 기록된 내용을 나라와 백성과 방언과 임금에게 다시 가르치라고 하였다."(〈천지창조〉, p.211~212).

### 책을 받아먹은 후에는 다시 예언한다.

책을 받아먹는 예언이 계시록 10장에 나온다. 계시록에는 책을 받아먹은 후에 다시 예언해야 한다고 기록되어 있다.

"내가 천사에게 나아가 작은 두루마리를 달라 한즉 천사가 이르되 갖다 먹어 버리라 네 배에는 쓰나 네 입에는 꿀 같이 달리라 하거늘 내가 천사의 손에서 작은 두루마리를 갖다 먹어 버리니 내 입에는 꿀 같이 다나 먹은 후에 내 배에서는 쓰게 되더라 그가 내게 말하기를 네가 많은 백성과 나라와 방언과 임금에게 다시 예언하여야 하리라 하더라."(계10:9~11).

계시록에 나오는 대로 이만희도 책을 받아먹었으니 다시 예언해야 한다는 것이다. 그래서 이만희는 다음과 같이 말한다.

"본문은 요한이 하늘의 명령대로 천사가 가지고 온 책을 받아먹고 많은 백성과 나라와 방언과 임금에게 다시 예언하라고 지시받는 내용을 기록한 말씀이다."(〈요한계시록의 실상〉, 2011년, p.190).

### 이만희의 '책 받아먹었다'는 실상의 결론

이만희는 계시록 10장의 예언대로 천사의 손에 있는 책 계시록을 받아먹은 자라고 주장한다. 이만희가 책을 받아먹었기에 보혜사가 되고, 길이요 진리요 생명이 되며 이만희가 책을 받아먹고 나서 1,260일을 예언을 하고 배도자와 멸망자를 심판하고 책을 받아먹고 그 책의 말씀대로 12지파 14만 4천 곧 신천지 집단을 창조했다는 것이다. 만일 이만희가 책 받아먹었다고 하는 실상이 거짓말이라면 신천지의 모든 실상과 교리가 다 거짓이 되는 것이다.


## 2. 이만희가 책 받아먹었다는 실상은 허구이다.

책 받아먹었다는 실상이 사실이 아니라면 신천지 이만희의 모든 교리가 허구로 드러난다. 신천지 교리에서 책 받아먹었다는 실상은 매우 중요하다. 책을 받아먹고 그 책에 있는 대로 신천지를 만들었다고 했기 때문이다. 이만희는 정말 천사의 손에 있는 작은 책, 요한계시록을 받아먹었을까? 결론부터 말하면 완전 거짓말이며 허구이다. 이만희의 책 받아먹었다는 실상의 허구를 밝혀보자.

### 책 받아먹기 전에 14만 4천 인 맞는 일이 있었다.

이만희는 책을 받아먹고 그 책에 있는 대로 12지파를 창조했다고 하였다. 그러나 계시록에는 여섯째 인을 뗄 때 계시록 7장에서 14만 4천 명이 인을 받는다(계 6:12, 7:1~8). 책 받아먹는 일은 일곱째 인을 떼고(계 8:1) 여섯째 나팔을 분 후(계 9:13) 계시록 10장에 가서야 등장한다. 책을 받아먹은 후에 14만 4천인의 인을 친다는 것은 맞지 않는 일이다. 계시록은 인치는 일이 있은 후에 책을 받아먹는 사건이 나온다. 요한계시록의 예언과 이만희의 실상이 맞지 않는 것이다. 이만희는 이렇게 순서가 맞지 않는 것을 해명하기 위해서 '삽입장'이라는 말을 쓰고 있다. 계시록은 지극히 순서적으로 쓴 책이다. 일곱 인이 첫째 인부터 순서적으로 전개되고 일곱 나팔이 순서적으로 전개되며 사건이 지난 후에는 '이 일 후에'라고 표기하고 있다. 누가 삽입장이라고 하는가? 이만희의 이 실상은 육하원칙에서 '언제'가 맞지 않다.

### 책 받아먹었다는 때가 맞지 않다.

이만희는 1980년 봄에 책을 받아먹었다고 한다.

"1980년 초에 천사로부터 작은 책을 받았고."(〈천지창조〉, 2007년, p.219).

"그 후 80년 봄 구름을 입고 오시는 성령체에게 안수를 받고 책과 지팡이를 받게 되었으며."(〈계시록 완전해설〉, p.10).

이만희가 책을 받아먹은 때는 여섯째 나팔을 분 후라고 했는데 여섯째 나팔까지는 멸망 중인 첫 장막에서 부는 것이라고 이만희가 말하였다. 이만희는 "예수님께서 본 장과 같이 마지막 일곱 째 인을 떼시면, 봉해진 하나님의 책이 완전히 펼쳐지고 일곱 천사가 일곱 나팔을 분다. 본 장에서는 네 개의 나팔을 부는데 나팔을 불 때마다 이방으로 쫓겨난 일곱 금 촛대 장막의 성도들에게는 형벌이 내려진다."(〈요한계시록의 실상〉, 2011년, p.150).

이만희가 책 받아먹었다는 1980년 초나 봄은 나팔을 불기도 전이다. 여섯째 나팔을 분 후에 책 받아먹었다는 말은 이만희의 간증과 맞지 않다.

### 책을 받아먹고 1,260일 예언을 했다는 것이 맞지 않다.

계시록 11장에는 두 증인이 1,260일을 예언한다는 내용이 있다. 이만희는 자신이 두 증인이라고 하면서 자신이 책을 받아먹고 1,260일을 예언했다고 하였다. 계시록 11장에는 두 증인이 죽음으로 증거가 마쳤다고 하였다. 이만희는 자신들이 감옥에 들어간 것이 두 증인이 죽은 것의 실상이라고 한다. 이만희는 1980년 10월 27일에 감옥에 들어갔다. 이만희도 자신이 감옥에 들어감으로써 증거가 중단되었다고 했다. 이만희는 "동년(80년) 10월 27일 이방 침노자에 의해 투옥되어 증거가 중단 되었고"(〈신천지 발전사〉, p.4)라고 하였다. 책을 받아먹은 때가 1980년 봄이라고 했다. 책을 받아먹고 나서 예언을 하다가 1980년 10월 27일에 중단되었으니 이만희가 책 받아먹고 1,260일을 예언했다는 것은 거짓말이 분명하다.

### 다시 예언했다는 말이 맞지 않다.

계시록 10장에는 책을 받아먹은 후에 다시 예언해야 한다고 하였다.

"그가 내게 말하기를 네가 많은 백성과 나라와 방언과 임금에게 다시 예언하여야 하리라 하더라."(계 10:11).

다시 예언한다는 말은 책을 받아먹기 전에 이미 예언을 했다는 말이다. 이만희가 책 받아먹은 것이 사실이라면 책을 받아먹었다는 1980년 봄 이전에 예언을 했어야 한다. 그래야 책을 받아먹은 후에 다시 예언하라는 말이 된다. 이만희는 1980년 봄 이전에 예언을 했는가? 이만희는 1980년 봄 이전에는 백만봉이 만든 사이비 종교 재창조교회 지파장으로 있었다. 예언을 했을 리도 없고 했다는 말도 없다.

### 책은 이미 유재열이 받아먹었다.

유재열이 배도하기 전에 이미 계시록 10장의 예언대로 책 받아먹은 자라고 하였다.

"17세의 유재열 군은 하늘에서 내려오는 성서 원문을 받아먹었다고 한다." (〈종교세계의 관심사〉, p.49).

유재열은 이만희의 선생이다. 그 당시에 이만희는 장막성전 신도로 있었다. 책을 받아먹은 것은 유재열이 먼저였다. 계시록 10장의 책은 한 권이기 때문에 이만희가 받아먹을 책이 없다. 그 당시는 유재열이 배도하기 전이기 때문에 유재열의 말이 맞다고 이만희도 시인한다. 유재열이 책 받아먹은 것이 사실이라면 이만희가 책 받아먹었다는 것은 거짓말이다. 이로 보아 이만희가 책 받아먹었다는 실상은 거짓말이며 허구이다.

# 제 8장 편지 보냈다는 거짓말

계시록 1장에서 주님은 사도 요한에게 일곱 교회에 편지를 보내라고 말씀하신다.

"이르되 네가 보는 것을 두루마리에 써서 에베소, 서머나, 버가모, 두아디라, 사데, 빌라델비아, 라오디게아 등 일곱 교회에 보내라 하시기로."(계 1:11).

이 예언은 이만희가 첫 장막 일곱 목자에게 편지를 보낸 사건으로 실상이 이루어졌다고 한다. 그래서 이만희는 자신이 편지를 보냈다는 것을 매우 강조한다. 그러나 이만희가 장막성전 일곱 목자에게 편지를 보냈다고 해도 계시록 예언과는 상관없는 일이며 편지를 보낸 적이 없는데 보냈다고 거짓말을 하는 것이라면 신천지 신도들에게 종교사기를 하고 있는 것이다. 이만희는 편지를 보냈을까? 그 실상을 알아본다.

## 1. 이만희가 편지 보냈다는 실상

### 사도 요한은 편지를 보낸 적이 없다.

이만희는 계시록 1장 11절에 사도 요한에게 편지를 보내라고 했으나 이는 환상계시이기 때문에 사도 요한이 편지를 보낸 것이 아니라고 한다. 이만희는 다음과 같이 주장하였다.

"예수 그리스도의 계시인 2~3장의 편지는 요한이 성령에 감동되어 환상 중에 보낸 것(예언)이므로, 그 당시에 실제로 받은 사람이 없다. 예를 들어, 에베소 교회 사자가 사도 요한인데 요한이 요한 자신에게 편지를 보내어 회개하라고 할 수는 없지 않은가?"(〈천지창조〉, p.196).

"2~3장의 편지는 환상 계시에 의한 것이므로 서신서와는 그 성격이 다르다. 요한이 계시록을 기록한 당시 소아시아의 일곱 교회는 요한으로부터 2~3장의 편지를 받지 않았다."(위의 책, p.197).

### 편지를 보낸 사람은 이만희이다.

계시록에 기록된 편지를 보내라는 예언은 실제로 이만희가 편지를 보내서 실상으로 이루어졌다고 한다.

"주 재림 때에는 요한계시록의 사도 요한과 같은 입장으로 오는 한 목자가 일곱 금 촛대 교회의 일곱 사자에게 회개를 촉구하는 대언의 편지를 보내고 하나님의 책을 받아 기록된 말씀으로 다시 예언하며 가르친다."(위의 책, p.84).

편지의 발신인은 사도 요한이 아니라 이만희라고 하는 것이다.

### 청지기 교육원이 장막성전에 침노한 후에 보냈다.

이만희는 편지를 보낸 때를 1980년 9월 청지기 교육원이 장막성전에 침노한 후라고 한다.

"본장(2장)은 요한이 예수님께서 지시하신 대로 예수님의 이름으로 대언하여 일곱 촛대 장막의 일곱 사자 중 네 명에게 보낸 편지 내용이다. 예수님께서는 일곱 교회가 처하고 있는 상황과 침노한 니골라 당의 존재를 알려주시고 니골라 당과 싸워서 이기면 생명나무 과실과 만나와 흰 돌과 만국을 다스리는 철장과 새벽별을 주겠다고 약속하셨다."(〈요한계시록의 실상〉, 2011년, p.47).

"그 장막에 사단의 무리 니골라 당이 침입한 후에, 예수님께서 사도 요한을 택하여 일곱 사자에게 편지하는 순서로 이루어진다."(〈천지창조〉, p.187).

"1980년 9월 하나님의 택하신 대언자 증인이 과천 소재 청계산 하에 있는 첫 장막 일곱 사자에게 편지로 증거 하다가 동년 10월 27일 이방 침노자들에 의해 투옥되어 증거가 중단되었다."(〈신천지 발전사〉, p.4).

### 편지는 장막성전의 일곱 사자가 받았다.

편지의 수신인은 계시록에 있는 일곱 교회가 아니라 장막성전 일곱 사자라고 한다. 이만희의 말을 들어보자.

"그 편지는 요한계시록이 성취될 때 소아시아의 일곱 교회로 비유된 언약의 장막 일곱 사자가 받는다. 2~3장의 사건의 성취 및 편지 전달은 오늘날 대한민국 경기도 과천 소재 청계산 아래에서 이루어졌다."(〈천지창조〉, p.197).

과천의 장막성전에 있는 일곱 사자에게 편지를 보냈고 장막성전에서 일곱 사자가 편지를 받았다는 것이다.

### 편지의 내용

이만희는 편지의 내용은 니골라 당과 싸우라는 것과 회개하라는 내용이었다고 한다.

"예수님께서는 일곱 교회가 처하고 있는 상황과 침노한 니골라 당의 존재를 알려주시고 니골라 당과 싸워서 이기면 생명나무 과실과 만나와 흰 돌과 만국을 다스리는 철장과 새벽별을 주겠다고 약속하셨다."(〈요한계시록의 실상〉, 2011년, p.47).

한편, 〈신천지 발전사〉에는 일곱 사자에게 한결같이 회개하라는 내용의 편지를 보냈다고 하였다.(〈신천지 발전사〉, p.46).

## 육하원칙에 의한 편지 보낸 실상

이만희는 편지 보낸 실상에 대하여 육하원칙에 의히여 이루어졌다고 한다.

"지금까지 살펴본 사건의 현장은 일곱 금 촛대 장막이요, 편지한 이는 예수님이시다. 요한은 그 편지를 전하라고 지시받은 대언자이며, 편지를 받는 이는 일곱 사자이다. 편지의 내용은 배도행위를 회개하고 니골라 당과 싸워서 이기는 자에게는 예수님께서 약속하신 복을 주시겠다는 것이다. 주 재림을 앞둔 오늘날 모든 성도는 계시록이 응하는 것을 확인하여 무엇보다 2, 3장에 약속한 이긴 자를 찾아야 한다."(⟨요한계시록의 실상⟩, 2011년, p.81).

이만희는 편지 보낸 예언을 육하원칙으로 정리하여 실상을 만들었다고 한다. 확인해보자.

"이 사건을 육하원칙에 입각하여 본 순리는 다음과 같다.

누가 : 예수님과 사도 요한이,

언제 : 경신년(1980년에),

어디서 : 장막성전에서,

무엇을 : 편지를,

어떻게 : 책에 써서,

왜 : 깨달아 회개하고 침노자(니골라 당)와 싸워 이기고 구원받으라고."

(이만희, 도서출판 신천지, ⟨계시록 실상⟩, p.50).

이만희가 말하는 편지 보낸 실상을 정리하면 발신인 : 이만희, 수신인 : 장막성전의 일곱사자, 편지 발송일 : 1980년 9월, 주소지 : 과천 청계산하 장막성전이다.

## 2. 이만희가 편지 보냈다는 실상은 거짓말이다.

이만희가 1980년 9월에 장막성전에 있는 일곱 사자에게 편지를 보냈다는 실상은 거짓말이며 허구이다. 이만희의 편지 보낸 실상이 사실이 아니라면 이만희 실상은 종교 사기이며 신천지 신도들은 속은 것이다. 왜 편지 보냈다는 이만희의 말이 거짓말인지 밝혀본다.

### 편지 보냈다는 증거가 없다.

이만희가 편지를 보냈다는 것은 요한계시록의 실상 중에 중요한 내용이다. 이만희가 요한계시록의 실상을 이루는 새 요한이라는 것을 증명하는 것이다. 이렇게 중요한 실상이 이만희가 편지를 보냈다는 것인데 전혀 증거가 없다. 편지의 사본이라든가 보낸 내용의 증거는 전혀 없다. 신천지 강사들이 이 내용을 강의 할 때 "편지 보낸 증거가 있다"고 말한다고 한다. 그러나 그 증거를 본 사람은 아무도 없다. 신천지에서 20년 동안 있었고 교육장까지 했던 신현욱 목사(구리 초대교회 담임)도 한 번도 편지 보낸 증거를 본 적이 없다고 했다. 그리고 장막성전 일곱 사자였던 사람들은 편지를 받은 적이 없다고 한다. 수신자였던 사람들은 받은 적이 없다고 하고 이만희는 말로만 보냈다고 하면 어떻게 그 말을 믿을 수가 있겠는가?

### 편지를 보낸 시기에 대하여 일관성이 없다.

어떤 사실을 말할 때 진실인가를 밝히는 것은 일관성이다. 진실을 말한다면 백 번을 말해도 같은 말을 하게 된다. 거짓을 말하는 사람은 말할 때마다 그 내용이 달라지는 것이다. 사실이 아닌 조작이기 때문이다.

이만희는 편지 보낸 실상을 말할 때마다 그 내용이 달라진다. 즉 거짓말은 일관성이 없다는 것이다. 이만희는 편지의 실상을 말할 때 편지를 보냈다는 시기부터 일관성이 없다. 이만희의 책 〈천지창조〉에는 1979년에 편지를 보냈다고 주장한다(〈천지창조〉, p.219). 그러나 〈요한계시록의 실상〉에는 1980년에 보냈다고 한다(〈요한계시록의 실상〉, p.50). 그리고 〈신천지 발전사〉에는 1980년 9월에 편지를 보냈다고 주장한다(〈신천지 발전사〉, p.4). 실상도표에는 1980년 3월 14일부터 1980년 9월 14일까지 보냈다고 한다. 이렇게 이만희는 편지 보낸 때에 관하여 일관성 없는 주장을 한다. 이는 이만희가 거짓을 말하고 있다는 것을 보여주는 것이다. 정말 편지 보낸 것이 사실이라면 백 번을 말해도 보낸 때가 같아야 한다. 이만희의 편지 실상은 허구가 분명하다.

### 편지 보낸 시기가 맞지 않다.

이만희는 장막성전에 청지기 교육원이 침노한 후에 편지를 보냈다고 한다.

"그 장막에 사단의 무리 니골라 당이 침입한 후에, 예수님께서 사도 요한을 택하여 일곱 사자에게 편지하는 순서로 이루어진다."(〈천지창조〉, p.187).

이만희는 장막성전에 청지기 교육원이 침노한 것은 1980년 9월부터라고 한다. 멸망의 기간인 마흔두 달의 시작이 1980년 9월이기 때문이다. 이만희는 1979년에 보냈다고 하는데 (위의 책, p.219), 그때는 아직 청지기 교육원이 침노하기 전이다. 그리고 이만희는 백만봉 재창조교회에서 지파장을 하고 있을 때이다. 이만희가 주님이라고 하고 있던 일곱 사자인 백만봉에게 편지를 보냈을 리가 없다. 1979년에 편지를 보냈다는 〈천지창조〉의 이만희의 주장은 거짓말이 분명하다.

**장막성전에 일곱 사자는 없었다.**

이만희는 일곱 사자가 있는 과천 청계산 아래의 장막성전에 1980년 9월에 편지를 보냈다고 하였다(이만희, 도서출판 신천지, 〈요한계시록의 실상〉, p.50). 편지의 주소지는 경기도 과천 장막성전이며 수신자는 장막성전에 있는 일곱 사자라고 하는 것이다. 요한계시록의 실상이라고 하는 이만희의 이 주장은 거짓말이 분명하다. 당시 편지를 보냈다고 하는 주소지 장막성전에는 수신자인 일곱 사자가 없었다. 신천지에서 만든 실상도표에 보면 1967년에 유인구가 이탈했고, 1969년에 백만봉, 신종환, 신광일 3명이 이탈했다. 1980년 봄 오평호가 서는 것을 보고 김창도, 정창래, 김영애가 이탈했다고 되어 있다(〈신천지 발전사〉, p.30, 실상도표). 1980년 봄까지 유재열 외 일곱 사자들은 아무도 없었다. 일곱 사자가 없는 장막성전에 일곱 사자에게 편지를 보냈다는 이만희의 말은 거짓말이 분명하다. 이만희도 일곱 사자가 이탈했다는 것을 알고 있었기 때문이다. 이만희는 이러한 공격을 받자 실상을 살짝 바꿨다고 한다. 일곱 사자에게 편지를 보낸 것이 아니라 대표로 유재열에게 보낸 것이라고 한다는 것이다. 일곱 사자가 장막에 없었지만 유재열이 있었다는 것이다. 그러나 이것도 거짓말이다. 유재열도 첫 장막에 있지 않은 때였다. 1976년 3월 6일자 동아일보 기사에는 다음과 같이 되어있다.

"28일 서울 지법 영등포지원 김성수 판사는 대한 기독교 장막성전 교주 유재열 피고인에 대한 사기 공갈 등 선고 공판을 열고 유 피고인에게 징역 5년을 선고했다."

이만희가 편지 보냈다는 1979년이나 1980년은 유재열이 감옥에 있을 때이다. 이만희가 장막성전에 1979년에 편지 보냈다는 것은 거짓말이 분명하다.

**이만희는 백만봉의 제자였다.**

이만희는 1979년, 1980년에 편지를 장막성전에 있는 일곱 사자에게 보냈다고 한다. 이만희가 편지를 보냈다는 1979년은 이만희 자신이 일곱 사자 중 한 사람인 백만봉에게 가서 있던 때이다. 신천지의 실상도표를 보면 1979년에 이만희는 백만봉의 재창조교회에 입교했다고 되어있다. 그렇다면 이만희는 자신이 주님이라고 부르던 백만봉에게 회개하라는 편지를 보냈다는 말이 된다. 백만봉은 장막성전을 나와 있는데 장막성전으로 편지를 보냈다는 말이 맞지 않고 자신이 같이 있었고 섬기는 교주에게 편지를 보냈다는 것도 말이 안 된다. 이만희가 일곱 사자가 배도했던 것을 알았다면서 왜 배도한 일곱 사자에게 들어갔는가? 배도자인 백만봉에게 있었으니 이만희도 배도자라고 할 수 있다. 이만희의 편지 실상은 조작된 허구이다.

**편지 내용이 계시록의 예언과 맞지 않다.**

요한계시록 2장과 3장에는 사도 요한에게 보내라는 편지의 내용이 있다. 이만희가 보낸 편지가 계시록의 편지의 실상이라면 계시록의 편지 내용과 일치해야 한다. 그러나 이만희가 보냈다는 편지의 내용은 계시록에 있는 내용과 다르다. 다를 뿐 아니라 반대되는 내용들이 있다. 이는 이만희의 편지는 계시록의 편지의 실상이 아니라는 말이다. 먼저 이만희가 보냈다는 편지의 내용을 살펴보자. 이만희는 일곱 사자에게 보낸 편지는 한결같이 회개하라는 내용이라고 한다.

"배도한 종들에게 회개하라는 편지."(〈신천지 발전사〉, p.46).

일곱 사자 모두에게 똑같이 "회개하라"는 편지를 보냈다고 하였다. 또 이만희는 다음과 같이 말하였다.

"예수님께서는 일곱 교회가 처하고 있는 상황과 침노한 니골라 당의 존재를 알려주시고 니골라 당과 싸워서 이기면 생명나무 과실과 만나와 흰 돌과 만국을 다스리는 철장과 새벽별을 주겠다고 약속하셨다."(〈요한계시록의 실상〉, 2011년, p.47).

니골라 당의 존재를 알려 주고 니골라 당과 싸워 이기라는 내용이라고 한다. 그러나 요한계시록에 기록된 편지의 내용과는 전혀 다르다. 어떻게 다른지 확인해보자.

첫째, 요한계시록에 일곱 교회에 보낸 편지는 모든 교회에 회개하라는 내용이 아니다. 요한계시록의 편지의 내용은 교회마다 다르다. 서머나, 빌라델비아 교회는 회개하라는 내용이 없다. 잘못한 것이 있어야 회개하라고 할 수 있는 것이다. 서머나 교회에 보내는 편지는 환난과 궁핍, 핍박을 받고 있으나 실상은 부요한 사람들이라고 하였다. 회개하라는 내용이 없다(계 2:8~11). 빌라델비아 교회는 배반치 않고 말씀을 지킨 사람들이라고 하였지(계 3:7~13) 회개하라는 말은 없다. 일곱 사자 모두에게 회개하라는 내용의 편지를 보냈다는 이만희의 실상은 계시록의 내용이 아니다.

둘째, 니골라 당의 존재를 알려주고 니골라 당과 싸워 이기라는 편지가 아니다.

이만희는 일곱 교회가 니골라 당의 침노를 받았기 때문에 침노한 니골라 당의 존재를 알려주고 싸워 이기라는 내용으로 편지했다고 하였다. 그러나 요한계시록의 편지는 그런 내용이 없다. 일곱 교회의 편지 중에 에베소 교회와(계 2:6) 버가모 교회(계 2:15)만 니골라 당에 대한 언급이 있다. 그 외에 다섯 교회는 니골라 당에 대한 언급이 전혀 없다. 일곱 교회 모두에게 니골라 당의 존재를 알려주는 내용이 아니다. 에베소 교회에 보낸 편지에서 니골라 당이 언급된 것도 이만희의 주장과 다르다. 침노를 당했다든지 니골라 당에게 멸망당하는 내용은 없다. 에베소 교회 성도들이 니골라 당의 행위를 미워한다는 것이다. 버가모 교회도 니골라 당에게 침노를 당했다는 내용은 전혀 없다. 버가모 교회 교인들 중에 몇 사람이 니골라 당의 교훈을 지키는 자들이 있었다는 것이며, 버가모 교회 사자가 배도했다는 것이 아니다. 교인들 중 몇 사람에 대한 말이다. 니골라 당과 싸워 이기라는 말도 아니다. 요한계시록을 다 읽어보아도 니골라 당과 싸워 이기라는 말은 없다. 믿음의 싸움에서 이기라는 말이지 니골라 당과 싸워 이기라는 말은 없다. 이만희가 보냈다는 편지의 내용은 계시록에 기록된 편지의 내용과 다르기 때문에 계시록의 편지의 실상이 아니다. 조작된 허구일 뿐이다.

**에베소 교회의 사자가 사도 요한이 아니다.**

이만희는 사도 요한이 에베소 교회 사자이기 때문에 그 당시에 사도 요한이 편지를 보낸 것이 아니라고 하였다.

"예수 그리스도의 계시인 2~3장의 편지는 요한이 성령에 감동되어 환상 중에 보낸 것(예언)이므로, 그 당시에 실제로 받은 사람이 없다. 예를 들어, 에베소 교회 사자가 사도 요한인데 요한이 요한 자신에게 편지를 보내어 회개 하라고 할 수는 없지 않은가?"(〈천지창조〉, p.196).

정말 무식하고 성경에 무지한 교주이다. 사도요한은 에베소 교회의 사자가 된 적이 없다. 더구나 이 편지를 보낼 때는 사도 요한은 밧모섬에 있었다. 에베소 교회는 바울이 세웠고 바울이 3년 동안 목회를 했었다고 한다(행 20:31). 바울 다음에는 디모데가 에베소 교회를 목회하였다(김주찬, 〈소아시아의 7대 교회〉, 옥합, p.46). 디모데가 순교한 후 오네시모가 에베소 교회의 목회자였다(위의 책, p.48). 사도 요한이 편지를 보낼 때 에베소 교회 사자는 오네시모였다(유세비우스 팜필루스, 엄성옥 역, 〈유세비우스의 교회사〉, 서울:은성, 2001년, p.162). 오네시모는 에베소 교회에 보낸 편지를 받은 사자였다. 당시에 실제로 편지를 받은 사람이 없었다는 이만희의 주장은 성경에 무지한 엉터리 주장이다.

# 제 9장 이만희가 이긴 자라는 거짓말

신천지에는 이긴 자 교리가 있다. 이 교리는 계시록 2장과 3장에 있는 일곱 교회에 보낸 편지에 이기는 자에게 주는 약속에 근거를 두고 있다. 이만희는 계시록에 나오는 이기는 자가 바로 자신이라고 한다. 자신이 이겼기 때문에 이긴 자라고 한다. 신천지 신도들은 이만희를 계시록에 나온 이긴 자라는 거짓 실상에 속아서 이만희를 구원자로 섬기고 있다. 이만희의 이긴 자 교리를 알아보고 허구를 밝혀본다.

## 1. 이만희의 이긴 자 교리

### 누구와 싸웠는가?

이만희가 이긴 자가 되기 위해서는 싸움의 대상이 있어야 한다. 이만희는 누구와 싸워서 이겼다고 하는가? 계시록 2장에 나오는 니골라 당과 싸워서 이겼다고 한다.

"그 가운데 니골라 당과 싸워 이기는 약속한 목자가 있어(계 2. 3. 12장) 동서남북에서 성도들을 모아(눅 13:28~30, 마 8:11~12) 영적 새 이스라엘 열두 지파를 창조한다."(〈요한계시록의 실상〉, 2017년, p.14).

이만희가 이겼다고 하는 싸움의 상대가 니골라 당이라는 것이다. 그리고 이 니골라 당은 계시록 13장에 나오는 열 뿔 일곱 머리라고 하며 이 짐승이 장막성전에 침노하여 멸망시켰기 때문에 '멸망자'라고 하는 것이다.

"이 짐승의 무리가 하늘 장막에 들어가 성도들의 이마와 오른손에 표한 자들이요(계 13장), 예수님께서 일곱 사자에게 보낸 편지에서 '싸워서 이기라'고 일곱 번이나 당부한 니골라 당이며 사단의 회이다(계 2~3장)." (위의 책, p.299).

계시록 13장의 열 뿔 일곱 머리이며 장막성전을 멸망시킨 멸망자를 이만희가 싸워서 이겼다고 한다. 이에 대하여 이만희는 다음과 같이 말하였다.

"이 장막 성전에 침노한 니골라 당은 악을 꾀하는 우리 중(장막목자) 하나와 이방 청지기 교육원 일곱 목자들이다(계 13:17). 이들이 우리 장막성전을 침노하여 자기들의 소유로 삼아 장로교회를 만들었고 본래 하나님과 언약으로 세운 처음 하늘(장막) 처음 땅(백성)은 멸망 받아 없어졌다. 이 일이 바로 배도와 멸망의 일이다." (〈종교세계의 관심사〉, p.35).

'우리 중 하나(장막 목자)'는 오평호를 말하고 있으며 니골라 당은 청지기 교육원이라는 것이다. 청지기 교육원이 장막성전에 침노했고, 장막성전에 침노한 멸망자인 청지기 교육원과 이만희가 싸워서 이겼다는 말이다. 그래서 이만희는 자신을 니골라 당과 싸워 이긴 자라고 주장하는 것이다.

"그 구원의 목자는 니골라 당과 싸워 이긴 자이며 구원의 처소는 그가 인도하는 장막이다."(〈요한계시록의 실상〉, 2017년, p.19).

이만희가 쓴 책에는 자신이 니골라 당과 싸워 이겼다는 말을 반복하여 강조하고 있다.

### 무엇으로 싸웠는가?

이만희는 니골라 당인 청지기 교육원과 싸워서 이겼다고 한다. 청지기 교육원과 어떻게 싸웠다는 말인가? 이만희는 또 다음과 같이 이야기하고 있다.

"싸우는 무기는 1장 16절에서 본 바 예수님의 입에서 나오는 날선 검 곧 성령의 검(엡 6:1)인 하나님의 말씀이다. 곧 이 책의 말씀으로 이기려고 한다는 뜻이다."(〈계시〉, p.113).

즉 이만희는 말씀으로 청지기 교육원과 싸워서 이겼다는 것이다. 이만희가 청지기 교육원의 정체를 밝히는 계시록의 말씀을 통하여 이겼다고 한다.

"아이와 그 형제들이 용과의 전쟁에서 무기로 사용한 '증거하는 말'은 용의 정체를 증명하는 '계시록의 말씀'이다. 이들은 계시록 사건의 현장인 하늘 장막에 있던 성도들이므로, 계시록의 예언대로 용이 그곳에 들어가 한 일을 직접 보고 계시록의 말씀을 들어 증거함으로써 용을 이길 수 있었다. 예수님께서 용의 정체를 계시록에 미리 알려두셨기에, 계시록의 말씀은 곧 용을 이기는 무기가 된다. 성경에 기록된 용의 무리가 바로 너희라고 증거를 하니 정통을 주장한 사단의 조직은 부인할 수 없어 하늘 장막을 떠나게 된다."(〈요한계시록의 실상〉, 2017년, p.238~239).

### 어디에서 싸웠는가?

이만희와 니골라 당인 청지기 교육원의 전쟁터는 장막성전이었다고 한다. 장막성전에 침노한 니골라 당과 이만희가 대결을 했다는 것이다.

"본문의 전쟁터인 하늘 장막에서는 천사들과 악령들이, 또 만국을 다스릴 남자와 그 형제들이 멸망자들(일곱 머리와 열 뿔 가진 짐승)과 대결하게 된다."(〈요한계시록의 실상〉, 2017년, p.233).

이만희가 청지기 교육원과 싸우는 전쟁터는 장막성전이라고 한다. 청지기 교육원이 장막성전에 침노했을 때 이만희는 그곳에 있다가 이들과 싸우게 된다. 결국 배도자, 멸망자, 구원자가 첫 장막에 출연한다는 것이다.

"본 장은 배도자 멸망자 구원자라는 세 존재가 하나님의 장막성전(하늘 장막)이라는 한 장소에 출현 할 것을 알리고 그들을 각각 구별하고 확인시켜 주는 말씀이라는 것이다."(위의 책, p.225).

### 언제 싸웠는가?

이만희는 육하원칙에 의하여 이 실상이 딱 맞다고 한다. 그러면 이만희가 청지기 교육원과 어디서 얼마 동안 싸웠다는 말인가? 장막성전에서 마흔두 달(1980년 9월 ~ 1984년 3월)동안 싸웠다고 한다.

"본문 전쟁의 결과 용과 그의 사자들이 패하여 하늘에서 땅으로 내어쫓긴다고 한다(8~9절). 하늘은 용의 무리가 들어와 짓밟은 일곱 금 촛대 장막을 가리키며, 땅은 성령이 없는 육체뿐인 사람들(이 있는 세상)을 가리킨다. 용이 이 전쟁에 패하여 쫓겨나는 때는 하나님께서 그에게 주신 멸망의 기간인 마흔두 달이 지난 후이다."(위의 책, p.234).

마흔두 달(1980년 9월~1984년 3월)은 청지기 교육원이 첫 장막에 침노하여 멸망시킨 '멸망의 기간'이라고 한다. 이 기간 동안에 이만희는 청지기 교육원과 싸워서 이겼다는 것이다.

### 이긴 자 이만희를 만나야 구원받는다.

이만희는 이긴 자인 자신을 만나야 구원받는다고 가르친다. 이만희의 계시록 실상 내용의 결론은 결국 이긴 자 이만희를 만나야 구원받는다는 주장이다.

"그러므로 이긴 자를 만나 하나 되는 것은 천국 낙원과 거룩한 성 새 예루살렘에 들어가는 길이 된다."(위의 책, p.432).

또 이긴 자인 이만희를 보는 것이 하나님을 보는 것이라고 주장한다.

"이긴 자를 (계 3:12, 21) 보는 것이 곧 예수님을 보는 것이요 예수님에게 임하셨던 하나님을 보는 것이 된다."(위의 책, p.432).

심지어 신약 성경이 이긴 자인 이만희 자신을 증거하는 것이라고 미친 소리를 한다. 이만희는 또 이렇게 말한다.

"그러므로 구약 성경 39권은 초림 때의 약속한 목자 예수님 한 분을 증거한 것이며, 신약 성경 27권은 재림 때의 약속한 목자 곧 이긴 자 새 요한 한 사람을 증거한 것이라 할 수 있다."(위의 책, p.474).

이만희의 요한계시록의 결론은 이만희 자신을 만나야 구원받는다는 것이다.

"영생과 천국을 얻기 위해 성경을 상고하는 성도는 예수님께서 약속하신 이긴 자를 찾아야 한다."(위의 책, p.80).


## 약속의 목자와 다수의 이긴 자

이만희는 자신은 약속의 목자로서 한 사람의 이긴 자이며 이만희를 따르는 신도들은 다수의 이긴 자들이라고 한다.

"계시록 12장 10절과 15장 2절에 보면 사단의 무리 니골라 당과 싸워 이기는 자들이 여러 명이 있으나 그들이 전부 예수님께서 '약속한 목자'라는 말은 아니다. 왜냐하면 하나님과 예수님의 보좌에 함께 앉고 하나님의 이름과 예수님의 새 이름과 새 예루살렘성의 이름을 기록 받는 이기는 자는 '오직 한 사람'뿐이기 때문이다. 그러므로 성도는 다수의 이기는 자들과 이 약속한 목자 한 사람을 구분할 줄 알아야 한다."(〈요한계시록의 실상〉, 2005년, p.101).

즉 한 사람의 이긴 자는 이만희이며 신천지 신도들이 다수의 이긴 자들이라고 하는 말이다. 다수의 이긴 자들은 어떤 사람들이 된다고 하는가? 다수의 이긴 자들 곧 구원받을 자들도 니골라 당과 싸워서 이긴 자들이라고 한다.

"예수님께서 일곱 사자에게 보낸 편지에서 싸워서 이기라고 일곱 번이나 당부한 니골라 당이며 사단의 회이다(계 2~3장). 이들과 싸워 승리한 이긴 자들은 짐승의 무리가 배도한 장막에 들어와서 행한 일을 직접 목격한 산 증인이며 그 장막에서 여자가 낳은 아이와 하나가 된 형제들이다."(위의 책, p.324).

이긴 자 이만희나 이기는 자들은 다 니골라 당인 청지기교육원과 싸워 이겨야 이긴 자들이 되는 것이다.


## 2. 이만희가 이긴 자라는 교리는 거짓말이다.

### 이만희는 청지기 교육원과 싸운 적이 없다.

이만희는 장막성전의 멸망의 기간인 마흔두 달(1980년 9월~1984년 3월) 동안에 니골라 당인 청지기 교육원과 말씀으로 싸워서 이김으로 청지기 교육원을 장막성전에서 쫓겨나게 했다고 한다. 그래서 이만희가 이긴 자가 되었다는 교리이다. 이만희의 이러한 이긴 자 교리는 사실이 아닌 조작된 허구이다. 필자는 이만희가 싸웠다는 청지기 교육원을 했던 오평호에게 이만희의 이러한 주장에 대하여 물은 적이 있다. 오평호는 "이만희를 만난 적도 없고 알지도 못했다"고 한다. 또 오평호는 "만났어야 싸우지! 싸웠어야 이기지!"라고 하였다. 이만희의 청지기 교육원과 싸웠다는 주장은 거짓말이며 더구나 이겼다는 주장은 조작된 허구라는 것을 알 수 있다. 이만희가 자신이 이긴 자라는 실상을 만들기 위해서 거짓으로 조작하여 만든 교리이다. 이러한 이만희의 거짓 실상을 육하원칙에 의하여 밝혀 본다.

### 마흔두 달 기간 동안 이만희는 첫 장막에 없었다.

이만희가 청지기 교육원과 싸워서 이긴 자가 되려면 싸우는 기간인 마흔두 달(1980년 9월~1984년 3월)동안 장막성전에 있어야 한다. 그래야 장막성전에 침노한 청지기 교육원과 장막성전에서 싸울 수가 있다. 이만희가 싸우는 전쟁터가 장막성전이라고 했기 때문이다.

"본문의 전쟁터인 하늘 장막에서는 천사들과 악령들이, 또 만국을 다스릴 남자와 그 형제들이 멸망자들(일곱 머리와 열 뿔 가진 짐승)과 대결하게 된다."(〈요한계시록의 실상〉, 2017년, p.233).

이만희가 싸웠다는 마흔두 달(1980년 9월~1984년 3월) 기간 동안 이만희는 전쟁터인 장막성전에 없었다. 〈신천지 발전사〉에 있는 신천지 연혁에는 다음과 같이 나온다.

"1980년 9월 하나님이 택하신 대언자 증인이 과천 소재 청계산 하에 있는 첫 장막 일곱 사자에게 편지로 증거하다가 동년 10월 27일 이방 침노자들에 의해 투옥되어 증거가 중단되었고 첫 장막 교회는 개국 14년 만에 이방 침노자에게 붙인 바 되었다. 1981년 2월2일 선고유예로 출감하셨고, 동년 3월 14일부터 소수의 무리가 청계산과 비산동 관악산으로 피난하면서 선고유예 기간까지 집 없이 산에서 예배를 드렸다."(〈신천지 발전사〉, p.4). 이만희는 1980년 10월 27일 구속되어 1981년 2월 2일까지 감옥에 있었고 선고유예 기간(1980년 10월~1984년 2월)동안 소수의 무리가 산에서 예배를 드렸다고 하였다. 이만희가 청지기 교육원과 싸웠다는 마흔두 달 동안, 전쟁터인 장막성전에 이만희는 없었다. 이만희가 장막성전에서 청지기 교육원과 싸웠다는 것은 거짓말이다. 따라서 이만희는 싸운 적도 없고 이긴 적도 없다. 이만희가 이긴 자라는 것은 거짓말이다.

**마흔두 달 기간은 이만희의 죽음 기간이었다.**

이만희가 이긴 자가 되기 위해서 청지기 교육원과 싸운 기간은 마흔두 달(1980년 9월~1984년 3월)이다. 마흔두 달의 기간 동안 청지기 교육원과 말씀으로 싸웠다고 한다. 즉 청지기 교육원에 말씀을 증거하여 이겼다는 것이다. 그런데 이만희가 말씀을 증거하지 못하는 죽음 기간이 있다. 계시록 11장에서 두 증인이 죽었다가 삼일 반 후에 살아나는 내용이 있는데 삼 일 반을 삼 년 반으로 계산하여 두 증인이라는 이만희가 감옥에 들어가서 말씀을 증거하지 못하는 기간 3년 반이라는 것이다. 이것이 실상이라고 한다.

"이미 기록된 대로 두 증인은 검찰에 의하여 구속되기에 이르렀고 일백일간의 옥고를 치르게 된다. 여기서 우리가 한 가지 이해하고 넘어갈 것은 삼일 반 동안 그의 시체를 장사하지 못하게 한 대목이다. 결론부터 말하거니와 두 증인의 시체를 장사하지 못하게 했다는 것은 결코, 육체를 죽이거나 삼일 반에 해당하는 삼년 반 동안 영창에 가두어 둔 행위를 말하는 것이 아니다. 두 증인이 증거를 시작하여 마쳤던 그 해의 시월에 구속되었으므로, 사실상 한 해가 지나서 이듬해 2월에 석방되어 풀려났다. 그러나 풀려날 때에 2년 반의 선고유예 처분을 받음으로 징계 당한 기간은 세 해 반에 이르게 된다. 또 죽었다는 말은 육체적인 죽음이 아니고, 말씀을 증거하지 못하도록 유예 처분을 내렸으니 결국 죽은 입장에 처하게 된 것이다."(〈계시록의 진상〉, p.165~166).

이만희가 말씀을 증거하지 못하는 죽음의 기간이 삼 년 반이라는 말이다. 1980년 10월부터 1984년 2월까지 이만희는 말씀을 전하지 못하고 죽어 있었다. 신천지 연혁에서도 이와 같은 내용을 말하고 있다.

"1984년 2월 7일 선고유예 기간이 끝난 후 이때부터 다시 증거하기 시작, 배도와 멸망을 알리는 '인류 최대의 관심사(종교세계의 관심사)' 책을 발간하여 온 세계에 나팔같이 증거하였다."(〈신천지 발전사〉, p.4).

즉 이만희가 죽음 기간에 말씀을 증거하지 못하였다가 선고유예 기간이 끝난 후에야 말씀을 증거하기 시작한 것이다. 그래서 이만희는 죽음 기간 3년 반과 멸망의 기간 마흔두 달이 일치한다고 말한다.

"이 증거가 그들에게는 죽기보다도 듣기 싫었던 것이다. 그래서 이 소리를 하지 못하도록 두 증인을 가이사의 법으로 조치한 것이다. 그러므로 명예훼손이라는 죄의 명분으로 빌라도 법정에 서게 되었고 선고유예(삼년반:년수)로 출옥되었으니 이 기간이 곧 이방 짐승의 때 42달이다. 이렇게 이방이 42달간 자기들 마음대로 짓밟게 되었고 두 증언은 1,260일간 예언할 사명이 가이사의 법에 의하여 죽게 된 것이다. 죽었다는 말은 육체의 죽음을 말하는 것이 아니라 복음을 전하지 못하도록 사명이 삼일 반 동안 죽은 것을 말한다."(이만희, 〈계시록의 진상2〉, 도서출판 신천지, 1988년, p.206).

이만희 말대로 한다면 마흔두 달 동안 말씀을 증거하지 못하게 되었다는 것인데 같은 기간인 마흔두 달 동안에 청지기 교육원에 말씀을 증거하여 싸워 이겼다는 말은 맞지 않다. 말씀을 증거하지 못하는 기간인 마흔두 달에 말씀을 증거해서 이겼다는 것은 말이 안 된다. 이로 보건대 마흔두 달의 기간 동안 청지기 교육원과 싸워 이겼다는 것은 조작이며 허구이다. 이만희는 이긴 자가 절대로 아니다.

**청지기 교육원이 장막성전에 침노한 적이 없다.**

이만희는 장막성전에 침노한 청지기 교육원과 싸웠다고 한다. 그러나 실제로 청지기 교육원이 장막성전에 침노한 적이 없다. 더구나 마흔 두 달 동안 멸망시켰다는 것은 거짓말이다. 종교 자유가 있는 국가에서 청지기 교육원이라는 사설 단체가 무슨 권한으로 멸망을 시킬 수가 있겠는가? 이만희도 이러한 주장이 말이 안 되는 줄 알고 정부의 '종교정화 명령'을 받아서 멸망시켰다고 하는 것이다. 그러나 정부에서 기독교 이단을 종교 정화하라는 명령을 한 적도 없고 그런 일이 일어난 적도 없다. 이만희는 1981년 9월 20일 청지기 교육원이 목사 안수식을 한 것이 침노 및 멸망시킨 증거라고 하는데 이것도 거짓말이다. 목사 안수는 청지기 교육원이 할 권한이 없다. 목사 안수식은 교단에 속한 노회가 하게 되어있는 것이다. 그래서 1981년 9월 20일 목사 안수식 순서지를 보면 "대한 예수교 장로회 중앙노회"(〈신천지 발전사〉, p.42)에서 목사 임직식을 한 것으로 되어 있다. 안수식에 청지기 교육원의 임원들이 안수 위원에 있다고 해도 청지기 교육원에서 한 것이라고 볼 수 없다. '중앙노회'에서 한 것이다. 청지기 교육원이 장막성전에 침노했다는 말은 거짓말이다. 따라서 청지기 교육원을 니골라 당이라고 한 것도 맞지 않는 말이다. 청지기 교육원이 장막성전에 침노한 적이 없으니 이만희가 싸운 적도 없으며 싸운 적이 없으니 이긴 적도 없다. 이만희가 '이긴 자'라는 것은 거짓말이 분명하다.

**이기는 자는 니골라 당과 싸워 이기는 것이 아니다.**

이만희는 계시록의 일곱 교회의 편지에 "이기라"는 말은 니골라 당과 싸워서 이기라는 것이라고 한다. 이만희가 하는 말을 들어보자.

"편지 내용은 니골라 당과 싸워 이기는 자는 흰 옷을 입고, 생명책에 녹명되고, 하나님 성전의 기둥이 되고, 하나님의 이름과 예수님의 새 이름과 거룩한 성 새 예루살렘의 이름을 기록해 주고, 예수님의 보좌에 함께 앉게 하여 줄 것을 약속한 것이다."(〈요한계시록의 실상〉, 2017년, p.65).

그래서 이만희 자신이 니골라 당과 싸워서 이겼기 때문에 이긴 자가 되었다고 한다.

"그 구원의 목자는 니골라 당과 싸워 이긴 자이며 구원의 처소는 그가 인도하는 장막이다."(위의 책, 2017년, p.19).

이 또한 이만희의 거짓말이다. 성경에 니골라 당과 싸워 이겨야 한다는 말이 없다. 니골라 당이 있었다는 말이지 니골라 당이 일곱 교회에 침노한 것도 아니다. 이만희는 이긴 자의 의미는 야곱이 천사와 씨름하여 이기고 이스라엘이 된 것이라고 한다.

"예수님께서 세상을 이기셨다는 말씀은 무슨 뜻인가? 그것은 죄악 세상의 권세자인 마귀를 예수님께서 이기셨다는 의미이다. 야곱이 복을 받기 위해 하나님의 사람과 겨루어 이기고 이스라엘이라는 이름을 얻었듯이(창 32:24～28) 예수님께서도 마귀와 싸워 이기고 영적 이스라엘이 되셨다. 한편 마지막 때 요한계시록의 예언대로 용과 싸워 이기는 자는 영적 새 이스라엘이 되어 열두 지파를 창조한다."(이만희, 〈예수그리스도의 행전〉, 도서출판 신천지, 2006년, p.364).

야곱은 니골라 당과 싸운 것도, 용과 싸운 것도 아니다. 야곱이 이긴 자가 되어 받은 이름은 '이스라엘'이었다. '하나님과 겨루어 이겼다'는 뜻이다(창 32:28). 야곱이 하나님의 천사와 밤새 씨름하다가 환도뼈가 부러지면서 받아낸 이름이었다. 야곱은 용과 싸운 것이 아니라 하나님과 싸웠고, 자신과 싸웠다. 하나님과의 싸움에서 이긴 자가 된 것이다. 이만희가 이긴 자는 니골라 당과 싸워야 한다는 것은 거짓말이다. 뿐만 아니라 일곱 교회 보낸 편지에 이기는 자에게 주시는 약속이 니골라당과 싸우라는 말이라는 것도 거짓말이다. 성경에는 니골라 당과 싸워 이기라는 말이 없다. 이만희의 이긴자 주장은 거짓말이다.

**이긴 자를 만나야 구원받는다는 말이 없다.**

이만희는 이긴 자인 자신을 만나야 구원을 받을 수 있으며 신약 성경은 이긴 자 한 사람을 증거하는 것이기 때문에 이긴 자인 자신을 찾아야 한다고 하였다. 이 또한 이만희의 거짓말이다. 신약성경 어디에 이긴 자 한 사람을 증거하는가? 이기는 자에게 주시는 약속이 있는 것이지 '이긴 자' 한 사람을 증거하지 않는다. 성경 어디에 이긴 자를 찾아야 한다고 하였는가? 이긴 자가 되라고 하였지 이긴 자를 찾으라는 말씀은 없다. 이긴 자에게 말씀을 들어야 한다는 것은 성경 어디에도 없는 말이다. 이긴 자를 통해서 구원받는다는 말도 성경에는 없다. 이는 이만희가 자신을 신격화하기 위해 만든 거짓말이다. 이만희가 예수님 이후에 이긴 자이며 이긴 자를 만나야 구원받는다면 이만희가 나타나기 전 1984년 이전 사람들은 아무도 구원받을 수 없다는 말이 된다. 이긴 자인 이만희를 만나지 못했기 때문이다. 이만희가 이긴 자라는 것도 이긴 자를 만나야 구원받는 것도 거짓말이다.

**이긴 자들은 신천지 신도들이 아니다.**

이만희의 주장에 의하면 신천지 신도들도 니골라 당 청지기 교육원과 싸워 이겨야 이긴 자들이 되는 것이다. 그리고 청지기 교육원이 배도한 장막성전에 들어와 행한 일을 목격한 증인들이라는 것이다.

"예수님께서 일곱 사자에게 보낸 편지에서 싸워서 이기라고 일곱 번이나 당부한 니골라 당이며 사단의 회이다(계 2~3장). 이들과 싸워 승리한 이긴 자들은 짐승의 무리가 배도한 장막에 들어와서 행한 일을 직접 목격한 산 증인이며 그 장막에서 여자가 낳은 아이와 하나가 된 형제들이다."(〈요한계시록의 실상〉, 2017년, p.324).

이만희의 주장대로라면 현재 신천지 신도들은 이긴 자들이 될 수 없다. 니골라 당인 청지기 교육원을 본 일도 없고 배도한 장막에 들어온 것을 본적도 없는 사람들이기 때문이다. 니골라 당인 청지기 교육원이 한 일을 목격한 증인도 아니다. 이만희가 말한 이 조건에 맞는 사람들은 장막성전이 있을 당시 이만희를 따른 첫 장막의 소수의 사람들 뿐이다. 현재 신천지 신도들은 이만희가 말하는 이긴 자들이 될 수 없는 사람들이기 때문에 헛물만 켜고 있다는 것을 알아야 한다.

## 성경의 이긴 자들은 누구인가?

성경에서 단수 이긴 자는 오직 예수그리스도이시다. 예수님 외에 아무도 이긴 자가 될 수 없다. 그러면 다수의 이긴 자들은 누구인가? 일곱 교회에 보낸 편지에 보면 각 교회에 이기는 자에게 주시는 약속이 있다. 이는 한 사람에 대한 것이 아니라 많은 성도들을 말하는 것이 분명하다. 여러 교회에 이기는 자들은 누구인가? 예수님의 구속을 믿고 구원받은 성도가 바로 이긴 자이다. 니골라 당과 싸우는 것이 아니라 죄와 세상과의 싸움에서 승리한 자들이다. 사도 요한이 증거하기를, **"무릇 하나님께로부터 난자마다 세상을 이기느니라 세상을 이기는 승리는 이것이니 우리의 믿음이니라 예수께서 하나님의 아들이심을 믿는 자가 아니면 세상을 이기는 자가 누구냐"**(요일 5:4~5)라고 하였다. 성경에서 말씀하고 있는 이긴 자이며 영원한 승리자는 예수님이시고 예수 믿고 구원받은 모든 성도들이 다수의 이긴 자들이다.

# 제 10장 이만희가 계시 받은 자라는 거짓말

이만희는 신도들에게 성경은 아무나 해석할 수 없다고 가르친다. 오직 계시를 받은 한 사람이 있는데 그 한 사람만이 해석할 수 있다고 한다. 그 계시를 받은 유일한 한 사람이 바로 이만희 자신이라고 한다. 그래서 이만희를 '계시를 받은 자'라고 가르친다. 신천지 신도들은 이만희가 계시를 받았다고 하는 거짓말을 확인도 해보지 않은 채 믿고 있다. 이만희가 '계시 받은 자'라는 교리와 그 거짓된 허구를 밝혀본다.


## 1. 이만희가 '계시 받은 자' 라는 교리

### 성경은 아무나 해석하는 것이 아니다.

이만희는 성경은 아무나 해석할 수 없다고 가르친다. 이는 이만희 자신의 해석만을 믿게 하기 위한 교리이다.

"계시록 5장과 이사야 29장에서 본 바 계시는 봉한 책의 말이라 천상천하 유식한 자도 무식한 자도 봉하였기 때문에 아는 자 없고 다만 사람의 계명으로만 배워 입으로만 주를 가까이 한다고 기록되었다. 이 말씀의 그 증거는 사실대로 묵시를 아는 자 없는 것이 그 증거이다. 그러면 누가 과연 이 일을 우리에게 열어 보일 것인가?"(〈계시록 완전해설〉, p.68).

성경 특히 계시록은 봉함된 책이기 때문에 아무도 해석할 수 없다는 것이다. 어떤 사람이 성경을 해석한다고 하더라도 사람의 계명이 된다는 것이다. 신천지 집단의 신도들은 이렇게 성경은 봉함된 책이라는 교리와, 성경을 아무나 해석할 수 없고 오직 이만희 교주 한 사람만이 해석할 수 있다는 교리에 세뇌되어 있다. 그동안 성경을 해석한 모든 사람들 즉 신학자들이나 목사들이 다 계시를 받지 않았기 때문에 사람의 계명으로 가르친 것이라고 한다. 신천지 집단 신도들은 그동안 교회나 신학교에서 배운 모든 성경 해석은 잘못된 것이라는 생각을 가지도록 하는 교리에 미혹되어 있다.

### 성경은 계시 받은 한 사람만 해석할 수 있다.

이만희는 성경의 해석은 계시 받은 한 사람 즉 '계시 받은 자'만이 할 수 있다고 한다. "위에서 본 설명과 같이 계시는 감추인 비밀을 나타내어 보인다는 말이다. 그러므로 하나님께서는 시대마다 택한 사람을 통해서 계시를 보여주시니 곧 대언자(보혜사)이다."

"오늘날 하나님께서 약속하신 이 계시를 실상으로 나타내시고 성령으로 한 사람을 택하여 이것들을 만민에게 증거하게 하신다는 것을 명심하시기를 당부하는 바이다."(〈계시록 완전해설〉, 1986년, p.64).

시대마다 한 사람을 택하여 계시를 주시는데 그 한 사람만이 성경을 해석할 수 있다는 것이다. 특히 계시록 성취 때인 지금도 계시 받은 한 사람이 있다는 것이다.

"계시록 성취 때에는 사도 요한과 같은 한 대언자가 나타나 환상이 아닌 계시된 실상을 보고 증거한다. 그가 보고 들은 것을 증거할 때 옳다고 인정하는 사람은 하나님께서 그 백성으로 인치신다."(〈천지창조〉, p.275).

### 이만희 "계시 받은 자" 교리

이만희는 계시록의 예언이 성취되는 이 시대에 계시 받은 '한 사람'이 바로 이만희 자신이라고 한다.

"요한계시록이 이루어지는 오늘날 주 재림을 알리는 천사의 나팔 소리가 날 때 듣고 나팔 소리가 나는 곳으로 찾아가야 한다. 그리하여 예언이 이루어짐을 깨닫고 그 실상을 보고 믿음으로써 구원을 얻게 된다. 초림 때 하나님께서 구약에 약속한 목자(예수님)에게 와서 구약의 예언을 이루신 것을 믿듯이 우리는 예수님께서 천사와 함께 신약 성경에 약속하신 목자(이긴자)에게 와서 예언을 이루실 때 보고 믿어야 한다. … 약속의 목자인, 계시를 받은 이긴 자도 증거하였다."(위의 책, p.336).

"하나님의 계시와 은혜와 말씀은 '이긴 자 아이(남자)'를 통해 전달되고, 하늘 영계의 천국도 이 이긴 자가 목자가 되어 인도하는 열두 지파에 임한다."(위의 책, p.336).

이 시대에 한 사람 '계시 받은 자'가 바로 '이긴 자'인 이만희라는 것이다. 그래서 이만희가 계시를 받은 자이기 때문에 대언자이며, 보혜사이며, 구원자가 된다는 것이다.

"그러므로 하나님께서는 시대마다 택한 사람을 통해서 계시를 보여주시니 곧 대언자(보혜사)이다."(〈계시록 완전해설〉, p.64).

이만희는 자신을 사도 요한과 같은 사명자라고 한다. 이는 자신이 계시를 받은 사람이기 때문이라는 것이다.

"오늘날의 이 시대에 사도 요한과 같은 사명을 가지고 온 한 인물이 주께서 열어 보이신 계시의 말씀을 받아서 이를 책으로 해설하여 세상에 증거하매."(〈계시록의 진상〉, p.7).

**이만희는 1977년에 계시를 받았다.**

그러면 이 시대에 계시 받은 한 사람 이만희, 요한계시록에 대한 실상의 계시를 받았다는 이만희는 언제 계시를 받았는가? 그가 언제 계시를 받았는지 그의 책에서 확실하게 밝히고 있다.

"필자는 1977년 가을 요한계시록 1장과 같은 계시를 받고 경기도 과천 첫 장막(장막 성전)으로 왔다."(〈천지창조〉, p.219).

이만희는 자신이 계시록 1장과 같은 계시를 받았다고 한다. 즉 이만희가 받은 계시는 계시록에 대한 계시를 받았다는 것이다. 그래서 이만희는 사도 요한은 환상 계시를 받았고 자신은 실상 계시를 받았다는 주장을 하는 것이다.

"약 2천 년 전 사도 요한이 계시를 받아 기록한 요한계시록은 환상 계시이다. 그러나 그 성취 때가 되면 환상 계시는 문자 그대로가 아닌 실상으로 이루어진다. 그 때는 사도 요한의 입장으로 오는 약속한 한 목자가 열린 책에 기록된 말씀과 실체를 천사로부터 먼저 보고 듣고 우리에게 전해준다. 이것이 실상 계시이다." (위의 책, p.27).

**아들과 또 아들은 이만희이다.**

"천지의 주재이신 아버지여 이것을 지혜롭고 슬기 있는 자들에게는 숨기시고 어린아이들에게는 나타내심을 감사하나이다. 옳소이다. 이렇게 된 것이 아버지의 뜻이니이다. 내 아버지께서 모든 것을 내게 주셨으니, 아버지 외에는 아들을 아는 자가 없고, 아들과 또 아들의 소원대로 계시를 받는 자 외에는 아버지를 아는 자가 없느니라."(마 11:25~27절)

이 구절에서 "아들과 또 아들의 소원대로"라고 '아들'이라는 단어가 두 번 나온다. 이만희는 여기에서 첫 번째 '아들'은 초림 때 계시 받은 예수님을 말하며, 두 번째 '또 아들'은 재림 때 계시 받은 이만희를 말한다고 가르친다. 즉 계시를 받는 자만이 영생을 얻을 수 있는데 초림 때는 예수님의 제자들이 계시 받은 예수님에게 배웠으니 계시 받은 자이며, 재림 때는 계시 받은 이만희에게 배운 사람들이 계시 받은 사람들이라는 것이다.

"영생을 얻기 위해서는 하나님을 알아야 하고 하나님을 알기 위해서는 계시를 받아야 한다는 결론에 이른다. 그러므로 계시는 영생을 얻기 위한 필수 조건이다. 초림 때 하나님의 계시를 받은 사람들은 예수님과 제자들이다. 하나님께서는 그 아들 예수님에게 계시를 주셨고 예수님은 자신이 받은 계시를 제자들에게 알려주었다. 이로써 결국 제자들도 예수님과 함께 계시를 받은 자들이 되었다. 재림 때에는 하나님의 계시가 예수님, 천사, 사도 요한, 종들의 순서로 전해진다고 한다(계 1:1, 10:11). 그러나 재림 때 이미 죽고 없는 사도 요한이 살아나서 역사를 이루지는 않는다. 그 때는 사도 요한의 입장으로 오는 한 목자가 출현하여 요한계시록의 사도 요한처럼 행한다. 그러므로 마지막 때는 사도 요한의 입장으로 와서 예수 그리스도의 계시를 받은 목자를 찾아 그에게 계시의 말씀을 배우는 것이 예수님의 소원대로 계시를 받는 것이 된다."(〈예수그리스도의 행전〉, p.97).

오늘날은 계시 받은 이만희에게 말씀을 받아야 '계시 받은 자'가 되고 구원을 받는다는 것이다. 그래서 이만희는 두 번째 아들을 이만희라고 억지 해석을 하는 것이다. 이만희는 또 이렇게 주장하고 있다.

"또 예수님께서 영생은 참 하나님과 그 보내신 자를 아는 것이라 하시고, 하나님을 아는 지식은 오직 아들(예수)과 또 아들(이긴자 계 21:7)의 소원대로 계시를 받는 자가 안다고 하셨으니 계시의 중대함을 알 수 있을 것이다."(〈계시록의 실상〉, p.30).

## 2. 이만희가 '계시 받은 자'라는 교리는 허구이다.

이만희는 이 시대의 '계시 받은 오직 한 사람'이라고 하는데 정말 이만희는 계시 받은 사람일까? 필자는 이만희가 계시 받아서 썼다는 다른 책들을 다 읽어보고 확인해본 결과 이만희가 계시 받았다는 것은 거짓말이 분명하다는 결론을 얻게 되었다. 이만희가 계시를 받은 자가 아니라면 이만희의 거짓말에 모든 신도들은 속았다는 말이 된다. 왜 필자는 이만희가 계시 받았다는 교리가 허구라고 여기는지 하나씩 밝혀본다.

**계시 받았다는 때가 일관성이 없다.**

이만희가 정말 계시를 받았다면 이만희에게는 인생에 가장 큰 사건이며 가장 큰 체험이 될 것이다. 자기가 체험한 일에 대하여 말할 때는 백 번을 말해도 똑같아야 한다. 말을 할 때마다 다른 내용을 말한다면 거짓말을 하는 것이 분명하다. 그런데 이만희는 자신이 계시 받은 날이 말을 할 때마다 다르다. 이만희가 계시 받아 썼다는 〈천지창조〉에는 자신이 1977년 가을에 계시를 받았다고 확실하게 말하였다.

"필자는 1977년 가을 요한계시록 1장과 같은 계시를 받고 경기도 과천 첫 장막(장막 성전)으로 왔다."(〈천지창조〉, p.219).

그러나 이만희 자신이 계시를 받아 완전하게 풀었다는 〈계시록 완전해설〉에는 1980년 봄에 계시를 받았다고 한다.

"그 후 1980년 봄 구름을 입고 오시는 성령체에게 안수 받고 책과 지팡이를 받게 되었으며 성령에 이끌리어 가서 책에 기록된 말씀의 실체 곧 하나님의 사자들의 조직의 비밀과 사단의 사자들 조직의 비밀을 보여주시며, 책에 써서 교회들에게 보내라는 성령의 지시에 따라 기록한 것이므로 이 책은 사람의 고안

이나 지식과 연구로 낸 것이 아니다."(〈계시록 완전해설〉, p.7).

또 주제별 요약이라는 책에서는 1984년에 계시를 받았다고 하였다.

"과천 소재 일곱 별 일곱 사자(일곱천사)의 장막의 역사가 1980년에 끝나고, 1984년 사도요한과 바울같이 하늘로부터 지시 곧 계시를 받아 창조한 것이다."(이만희, 〈주제별 요약해설 I〉, 도서출판 신천지, p.332~333).

자신이 계시 받은 날에 대한 진술이 일관성이 없다는 것은 사실이 아닌 허구를 말하는 것이라고 할 수 있다.


### 거듭나지도 않았는데 계시를 받았나?

이만희는 1979년에 계시를 받았다고도 하고, 1980년 봄에 받았다고도 했다. 자기가 계시 받은 때에 대하여 여러 가지로 말하고 있지만 1979년에 받았다는 말을 믿어줘야 할 것으로 보인다. 1979년에 계시를 받고 첫 장막으로 갔다고 했으니 첫 장막에 들어가기 전에 계시 받은 것이라고 봐야 할 거 같다. 먼저 약속의 목자이며 계시를 받았다는 이만희는 언제 거듭났는지가 중요하다. 거듭난 사람이 계시를 받을 수 있기 때문이다. 성경에는 거듭나기 전에는 하나님의 나라를 볼 수 없다고 했으니(요 3:3) 이만희가 계시를 받은 때는 거듭난 후가 되어야 한다. 이만희의 거듭난 때를 그의 계시 받은 책에서 확인해보자.

"예수님께서는 '사람이 물과 성령으로 거듭나지 않으면 하나님 나라를 볼 수도 없고 들어갈 수도 없다' 고 하셨다(요 3:1~6)."(〈천지창조〉, p.422).

거듭나지 않은 사람은 천국을 볼 수가 없다는 것을 이만희 본인도 인정하고 있다. 그러면 어떻게 거듭난다고 하는가?

"베드로는 성도가 썩지 아니하는 씨 즉 항상 있는 하나님의 말씀으로 거듭난다고 하였다(벧전 1:3~4, 23). 따라서 물로 거듭나는 것도 하나님의 씨로 거듭나는 것도 모두 하나님의 말씀으로 속사람이 다시 창조되는 것 즉 영이 다시 나는 것을 말한다."(위의 책, p.423).

거듭나는 것은 말씀을 받아서 된다고 하는데 이만희는 언제 말씀을 받고 거듭났다고 하는가? 이만희는 계시록 12장의 여자로 비유된 유재열로부터 말씀을 받고 거듭났다고 말한다. 그래서 이만희는 계시록 12장의 여자가 낳은 아이라고 한다.

"그럼 해·달·별을 가진 여자가 밴 아이는 누구인가? 그는 장막성전의 목자가 영적으로 낳은 성도 곧 말씀의 씨로 낳은(벧전 1:23) 영적인 아들이며, 혈통으로 난 육신의 아이가 아니다(요 1:12~13 참고). 이 아들은 본 장 10절과 같이 용과 싸워서 이기고 철장으로 만국을 다스릴 남자이므로 (5절), 여자가 아이를 밴 일을 1절에서는 큰 이적이라 한다."(〈요한계시록의 실상〉, 2011년, p.226).

여자는 장막성전의 목자인 유재열을 말하고 유재열에게 말씀을 받고 태어난 아이는 철장으로 만국을 다스릴 이만희를 말한다는 것이다. 그러면 여자 유재열이 아이 이만희를 언제 낳았을까? 이만희는 다음과 같이 말한다.

"용이 이미 하늘 장막에 들어와서 여자가 아이를 낳으면 삼키려고 하는 것으로 보아 아이가 출생하는 때는 하나님께서 용에게 하늘 장막을 멸망시키라고 내어주신 마흔두 달(계 13:5)안에 있음을 알 수 있다."(위의 책, p.228).

여기에 이만희는 자신의 영적 출생인 거듭난 때를 말하고 있다. 아이 즉 이만희는 마흔두 달인 1980년 9월부터 1984년 3월까지의 기간 중에 태어났다는 것이다. 이만희가 스스로 주장하는 대로 해도 거짓이 드러난다. 이만희의 주장에 의하면 이만희가 거듭난 것은 1980년 9월 이후이다. 그런데 이만희가 계시를 받았다고 하는 때는 '1979년 가을, 1980

년 봄'이라고 하였다. 이만희는 거듭나지도 못했는데 계시를 받았다는 말이다. 거듭나지 않은 사람은 하나님의 나라를 볼 수 없다고 이만희 자신이 말했다. 1979, 1980년에 계시 받았다는 것이 거짓말이 아니라면 거듭나지 않으면 하나님의 나라를 볼 수 없다는 예수님의 말씀이 잘못된 것이고 이만희 자신도 잘못된 것이다. 이로 보아 이만희가 계시 받았다는 말은 허구임이 분명하다.

**'아들과 또 아들'의 해석이 잘못되었다.**

"아들과 또 아들의 소원대로 계시를 받는 자 외에는 아버지를 아는 자가 없느니라."(마 11:27). 이 구절의 두 번째 아들이 이만희라고 하는 해석은 잘못되었다. 이만희는 이렇게 얘기한다.

"또 예수님께서 영생은 참 하나님과 그 보내신 자를 아는 것이라 하시고, 하나님을 아는 지식은 오직 아들(예수)과 또 아들(이긴자 계 21:7)의 소원대로 계시를 받는 자만이 안다고 하셨으니 계시의 중대함을 알 수 있을 것이다."(이만희, 도서출판 신천지, 〈계시록의 실상〉 p.30).

이는 국문 해득이 안 되는 이만희의 엉터리 해석이다. "아들과 또 아들의 소원대로 계시를 받는 자"라고 했을 때 "또 아들"은 첫 번째 아들을 반복하는 형태이다. 앞에 '아들'이 예수님이라면 "예수님과 또 예수님의 소원대로 계시를 받는 자"라고 해석해야 하는 것이다. 이렇게 엉터리 오류를 말하는 것이 하나님의 계시라고 할 수 있을까? 이만희가 계시 받았다는 교리는 허구이다.

# 제 11장 신천지 천년왕국 실상의 허구

　요한계시록 20장에는 천년왕국에 대하여 말씀하고 있다. 천년왕국은 사탄이 결박되어 미혹할 수 없고, 14만 4천인이 첫째 부활을 하여 왕 노릇을 하는 기간으로써 하나님께서 세상을 통치하는 하나님의 나라의 완성이라고 기록되었다. 이만희는 계시록 20장의 천년왕국이 실상으로 이루어졌는데 그 실상이 신천지 집단이라는 것이다. 그래서 이만희는 신천지 집단을 '천년성'이라고 부른다. 과연 신천지 집단이 실상으로 이루어진 '천년왕국'인가? 아니면 거짓말인가? 결론부터 말한다면 이만희가 말하는 천년왕국의 실상은 '허구'이다. 신천지 천년왕국 실상의 허구를 밝혀본다.

## 1. 이만희의 천년왕국의 실상

**　첫째 부활자들이 왕 노릇 하는 기간이다.**
　이만희는 천년왕국을 첫째 부활자들 즉 14만 4천인들이 왕 노릇 하는 기간이라고 한다. "본문에 기록한 천 년은 사단이 쇠사슬에 결박되어 무저갱에 갇혀 있는 기간이요, 첫째 부활자들이 그리스도와 더불어 왕 노릇 하는 기간이다."(이만희, 〈요한계시록의 실상〉, 도서출판 신천지, 2011년, p.412).
　첫째 부활자들이 왕 노릇 하는 기간은 천 년 동안이라고 한다.

"본문에서 말한 천 년의 기간은 사단이 쇠사슬에 결박되어 무저갱에 갇히는 기간이요 첫째 부활자들이 천 년간 왕 노릇 하는 기간이다."(〈계시〉, p.361).

그러면 이만희는 첫째 부활자들은 어떤 사람들이라고 하는가? 이에 대해 이만희는 다음과 같이 말한다.

"첫째 부활이란 '하나님의 말씀과 예수님의 증거를 인하여 목 베임을 당한 영혼들과 짐승과 그의 우상에게 경배하지도 표를 받지도 아니한 자들이 살아서 하나님과 그리스도의 제사장이 되어 그리스도와 더불어 천 년 동안 왕 노릇 하는 것'을 말한다(4~5절)."(〈요한계시록의 실상〉, 2011년, p.409).

첫째 부활은 어떻게 한다고 하는가? 순교한 영혼들과 신천지 신도들이 신인합일하여 부활한다고 한다.

"육체가 없는 순교한 영들은 육체가 있는 이긴 자들을 덧입고 이긴 자들은 순교한 영들을 덧입어 신랑과 신부처럼 하나가 되어 산다. 이것이 바로 영과 육이 한 몸을 이루는 결혼이요 첫째 부활이다. 이들은 하나님과 그리스도의 제사장 곧 목자가 되어 천 년 동안 주와 함께 말씀을 가르치며 성도를 다스리는 왕 노릇을 한다. 십사만 사천 명의 제사장이 완성된 이후에 셀 수 없이 몰려오는 흰 옷 입은 무리들은(계 7:9~14) 백성으로서 첫째 부활에 참여하여 천년성에서 함께 살게 된다."(〈요한계시록의 실상〉, 2017년, p.410).

영육이 합일하여 첫째 부활한 자들은 십사만 사천이며, 천년왕국에서 왕 노릇을 하는 사람들이라고 한다.

**천년왕국에는 죽음이 없다.**

이만희는 첫째 부활자들 곧 십사만 사천인들이 왕 노릇 하는 천년왕국에서는 죽음이 없다고 주장한다. 천년왕국에는 첫째 부활자들이 있고 이 첫째 부활자들은 죽지 않기 때문이라고 한다.

"그리고 이들 첫째 부활자들은 둘째 사망의 해를 받지 아니한다고 한다."(위의 책, p.410).

이만희가 말하는 실상은 신천지 신도들이 신인합일 즉 첫째 부활을 하여 사는 기간이 천 년 기간이기 때문이다. 이만희는 다음과 같이 말하였다.

"첫째 부활이란 '하나님의 말씀과 예수님의 증거를 인하여 목 베임을 당한 영혼들과 짐승과 그의 우상에게 경배하지도 표를 받지도 아니한 자들이 살아서 하나님과 그리스도의 제사장이 되어 그리스도와 더불어 천 년 동안 왕 노릇 하는 것'을 말한다(4~5절)."(위의 책, p.409).

**사탄이 결박되어 미혹하지 못하는 기간이다.**

계시록의 천년왕국은 천 년 기간 동안 사탄을 결박하여 무저갱에 가두어 놓은 기간이라고 했다. 이만희도 이렇게 말하였다.

"하나님께서는 본 장과 같이 용을 잡아 다시는 만국을 미혹하지 못하도록 천 년 동안 무저갱에 가두신다."(위의 책, p.407).

"다시는 만국을 미혹하지 못하도록 본래와 같이 무저갱에 갇힌다. 초림 예수님께서는, 아직 마귀를 잡아 가두시기로 예정하신 때가 되지 아니하여 마귀를 그가 요구한 대로 무저갱이 아닌 돼지 떼에 들어가는 것을 허락하셨다(마 8:28~34). 그러나 본 장 성취 때에는 마귀를 잡아 가두는 정한 시기가 되었으므로 무저갱에 인봉한다."(위의 책, p.405).

사탄을 가두어둔다는 말은 미혹하지 못하게 하기 위한 것이라고 했다. 그래서 천년왕국 기간에는 사탄의 미혹이 없는 때라는 것이다. 사탄은 무저갱에 가두고 인봉한다고 했는데 무저갱은 무엇인가? 사탄을 가두는 무저갱은 지옥이 분명하다.

"용이 갇히는 무저갱은 음부 곧 지옥이며 지옥을 여닫는 무저갱의 열쇠는 사단을 잡아 가두기도 하고 풀어 주기도 하는 도구 즉 사단의 비밀을 아는 지혜를 말한다. 무저갱에서 나온 용은(계 9장, 11장) 자신이 해야 할 멸망의 일을 다 마친 후 다시는 만국을 미혹하지 못하도록 본래와 같이 무저갱에 갇힌다."(위의 책, p.405).

천 년 기간 동안 사탄을 무저갱에 가두고 인봉하여 미혹하지 못하게 하였다고 한다. 그래서 사탄의 미혹이 없는 기간이 천년왕국의 기간이다.

**사탄의 미혹이 없이 하나님의 역사만 있는 기간이다.**

천 년 기간 동안은 사탄이 결박되어 미혹하지 못하기 때문에 하나님의 역사만 있는 기간이다. 이만희도 말하였다.

"지금까지는 악령과 성령이 서로 대립하여 싸워왔지만, 이제는 옛 뱀을 잡아 가두심으로 오직 하나님의 역사만 있게 된다. 사단을 잡아 가두는 것은 참된 하나님의 승리이다. 아멘."(위의 책, p.405).

이만희는 사탄의 역사가 없는 기간이기 때문에 하나님의 역사만이 있어서 온 세상을 말씀으로 회복한다는 것이다.

"하나님께서는 본 장과 같이 용을 잡아 다시는 만국을 미혹하지 못하도록 천년 동안 무저갱에 가두신다. 그와 동시에 무너진 만국은 '천 년 동안' 신·구약 말씀으로 '소성'하신다."(위의 책, p.407).

하나님의 역사만 있는 천년왕국은 하나님만이 세상을 통치하신다는 것이다.

"그리고 마귀가 무저갱에 갇혀있는 천 년은 19장 6절 말씀대로 하나님께서 지구촌을 통치하시는 기간이다."(〈요한계시록의 실상〉, 2011년, p.413).

이만희는 천년왕국은 사탄의 역사는 없고 하나님이 통치하시는 하나님의 역사만 있는 기간이라고 주장하였다.

### 천년왕국은 언제 이루어지는가?

이만희의 주장을 보면 천년왕국은 첫째 부활자들이 영생하면서 왕 노릇 하고, 사탄은 결박해서 가두어 미혹하지 못하게 하며, 하나님이 직접 세상을 통치하심으로 하나님의 역사만 있는 하나님의 나라가 완성된 것이다. 그러면 이 천년왕국은 언제 이루어지는가? 이만희는 천년왕국의 실상이 1984년에 이루어졌다고 주장한다.

"이 천년왕국은 하나님의 뜻이 하늘 영계에서 이루어진 것 같이 영적 새 이스라엘 열두 지파가 이 땅에 창조된 날(1984년 3월 14일)로부터 시작되었다."(〈요한계시록의 실상〉, 2011년, p.412).

이만희의 주장대로 하면 천년왕국이 끝나는 날은 2984년 3월 14일이 된다.

"이 창립일로부터 계수하여 천 년이 되는 때 사단은 다시 옥에서 놓여 나오고, 에스겔 38장과 본문 8절에 예언된 대로 사단이 온 땅 백성 곧 곡과 마곡을 미혹하여 성도들의 진과 주께서 사랑하시는 성을 치려 한다."(〈요한계시록의 실상〉, 2011년, p.412).

이만희의 주장대로라면 신천지 집단이 천년왕국이고 천년왕국이 시작된 지 35년이 지나고 있는 것이다.


## 2. 이만희의 천년왕국의 실상은 허구이다.

1984년 3월 14일에 시작한 신천지 집단이 계시록에 예언된 천년왕국의 실상이라는 이만희의 교리가 사실일까? 이것이 맞다면 신천지 집단이 천년왕국이 되는 것이다. 결론부터 말한다면 이만희가 말하는 천년왕국의 실상교리는 허구이다. 이만희의 천년왕국 실상교리의 허구를 밝혀본다.

### 1984년 3월 14일에 열두 지파를 창조하지 못했다.

이만희의 교리에 의하면 12지파 십사만 사천인이 있어야 천년왕국이 시작될 수가 있다. 그래서 이만희도 다음과 같이 이야기하였다.

"이 천년왕국은 하나님의 뜻이 하늘 영계에서 이루어진 것 같이 영적 새 이스라엘 열두 지파가 이 땅에 창조된 날(1984년 3월 14일)로부터 시작되었다."(〈요한계시록의 실상〉, 2011년, p.412).

이만희는 '이스라엘 열두 지파가 창조된 날'이라고 하였다. 이는 이만희의 거짓말이다. 1984년 3월 14일에 신천지 집단에 열두 지파가 창조된 적이 없다. 신천지 집단의 연혁을 보자.

"1984년 2월 7일 선고유예 기간이 끝난 후 다시 증거하기 시작, … 동년 6월 3일 안양시 비산동 아파트 지하실에 성전을 마련하여 이때부터 정식으로 예배를 드리게 되었다."(〈신천지 발전사〉, p.4).

1984년 6월에 비산동 아파트 지하실에 지하성전을 마련하였다고 하였다. 신도들은 소수의 무리로 100여 명도 안 되는 숫자였다고 한다. 열두 지파 같은 것은 당시에 없었다. 실제로 신천지 집단이 열두 지파를 만든 것은 1995년에 가서야 조직했다고 연혁에 말하고 있다.

"1995년 3월 14일 창립 11주년 기념일에 본부 7교육장, 12지파장, 24장로 등의 보좌를 구성하였고."(〈신천지 발전사〉, p.5).

이만희와 신천지 집단이 열두 지파를 창조한 적이 없다. 당시 열두 지파나 24장로 등의 조직은 없었다. 1984년 3월 14일 이스라엘 열두 지파를 창조했다는 이만희의 주장은 거짓말이다. 1984년부터 천년왕국이라고 이만희는 주장한다. 사탄의 미혹이 끝나고 하나님의 역사만 있을 뿐 아니라 하나님께서 세상을 통치하신다고 했는데 세상과 교회는 1984년 3월 14일 이전과 이후의 변화를 알 수가 없다. 1984년 천년왕국의 시작이라는 실상은 허구이다.

**사탄은 결박되지 않았다.**

천년왕국은 사탄을 무저갱에 가두고 인봉한 기간이다. 사탄을 인봉했다는 것은 미혹하지 못하게 했다는 것이다. 이에 대하여 이만희는 말하였다.

"다시는 만국을 미혹하지 못하도록 본래와 같이 무저갱에 갇힌다. 초림 예수님께서는, 아직 마귀를 잡아 가두시기로 예정하신 때가 되지 아니하여 마귀를 그가 요구한 대로 무저갱이 아닌 돼지 떼에 들어가는 것을 허락하셨다(마 8:28~34). 그러나 본 장 성취 때에는 마귀를 잡아 가두는 정한 시기가 되었으므로 무저갱에 인봉한다."(〈요한계시록의 실상〉, 2017년, p.405).

이만희가 만든 실상이 맞다면 1984년부터 사탄의 미혹은 없어져야 하는 것이다. 특히 천년성이라고 하는 신천지 집단에는 사탄의 역사가 있을 수 없고 사탄의 미혹은 전혀 일어나지 않아야 한다. 신천지 집단이 천년성인가? 신천지 신도들이 필자에게 이단 상담을 받고 회심하면 신천지 집단에서는 용에게 미혹을 당했다고 말한다. 필자를 '용'이라고 하여 사탄의 미혹자라고 비판을 한다. 어떻게 천년왕국의 신도들이 '용'에게 미혹이 된다는 말인가? 이만희는 천년왕국에서는 거짓 선지자의 미혹은 없다고 주장한다.

"그러므로 용의 대행자인 거짓 목자를 심판하여 그 입을 막는 것이 곧 용을 잡아 인봉하는 것과 같다."(〈요한계시록의 실상〉, 2017년, p.405).

신천지 집단은 필자를 거짓 선지자라고 할 수 없다. 천년성에서는 거짓 선지자의 입을 봉하기 때문이다. 왜 천년성인 신천지 집단에서 필자에게 말씀을 듣고 나오는가? 필자의 입을 막지 못한 것을 보면 신천지는 천년왕국이 아니다. 신천지 신도들이 1984년 이후에 신천지가 잘못된 것을 깨닫고 신천지에서 많은 수가 이탈하였다. 이는 신천지 집단이 천년성이 아니라는 증거이다. 신천지가 천년성이라는 실상은 허구이다.

**신천지 집단의 신도들은 첫째 부활을 못하고 있다.**

이만희는 천년왕국이 첫째 부활자들의 왕 노릇 기간이라고 하였다.

"첫째 부활이란 '하나님의 말씀과 예수님의 증거를 인하여 목 베임을 당한 영혼들과 짐승과 그의 우상에게 경배하지도 표를 받지도 아니한 자들이 살아서 하나님과 그리스도의 제사장이 되어 그리스도와 더불어 천 년 동안 왕 노릇 하는 것'을 말한다(4~5절)."(〈요한계시록의 실상〉, 2017년, p.409).

신천지가 말하는 소위 '신인합일'이라는 것을 하여 영생의 삶을 사는 기간이 천년왕국이다. 이만희의 말대로 1984년에 천년왕국이 시작되었다면 1984년 전에 신인합일이 이루어졌어야 하고 신인합일을 한 첫째 부활자들 십사만 사천인이 천년왕국 시작 전에 완성되었어야 한다. 이만희의 주장대로 천년왕국의 시작인 1984년에는 첫째 부활자들이 왕 노릇 하는 사람들이 있어야 한다. 신천지 신도 중 한 사람도 첫째 부활을 한 사람이 없다. 이긴 자라고 하는 이만희도 아직 첫째 부활인 신인합일을 못하고 늙어가고 있다. 신인합일 즉 첫째 부활을 하게 되면 작은 키는 커지고 빠진 머리, 치아도 다시 난다는 것이다. 신천지 신도들은 이만희를 자세히 보라. 이만희도 아직 첫째 부활을 못했다. 머리는 다 빠지고 치아도 틀니를 하고 있다. 뿐만 아니라 천년성이라는 신천지 안에서 신도들은 많이 죽었다. 지파장도 죽고, 강사도 죽고, 교육장도 죽었다. 병들어 죽었다. 그러나 이만희는 뭐라 하는가.

"그리고 이들 첫째 부활자들은 둘째 사망의 해를 받지 아니한다고 한다."(〈요한계시록의 실상〉, p.409).

천년왕국의 실상이라는 신천지 집단의 신도들이 아직 첫째 부활을 못하고 영생도 못하며 죽어가고 있는 것으로 보아 이만희의 천년왕국 실상교리는 허구가 분명하다.

### 신천지 신도는 왕 노릇을 못하고 있다.

천년왕국은 첫째 부활자들이 제사장이 되어 왕 노릇 하는 기간이다. 신천지 교리에 의하면 왕 노릇 하는 사람은 십사만 사천 명이며 다스림을 받는 사람들은 흰 무리라고 한다.

"흰 옷을 입은 큰 무리는 영적 새 이스라엘 백성이 되어 그리스도와 더불어 세세토록 왕 노릇 하는 십사만 사천 명에게 다스림을 받게 된다."(〈요한계시록의 실상〉, p.142).

십사만 사천 명이 흰 무리를 다스리는 왕 노릇 하는 천년왕국이 1984년부터라면 1984년에 신천지 신도는 십사만 사천이 넘어야 한다. 그러나 1984년 신천지 신도는 백여 명에 불과하였다. 뿐만 아니라 현재도 십사만 사천이 흰 무리를 다스리는 왕 노릇을 하고 있어야 한다. 누가 왕 노릇을 하고 있는가? 신천지 집단에 첫째 부활을 한 자도 없고 왕 노릇 하고 있는 사람도 없다. 신천지 천년왕국 실상 교리는 허구이다.

# 제 12장 일곱째 나팔 실상의 허구

이만희가 만든 신천지의 실상교리 중에 가장 중요한 것이 있다면 일곱째 나팔의 실상이라고 할 수 있다. 신천지 이만희 실상교리에 의하면 일곱째 나팔이 불릴 때 신천지 역사의 완성이 이루어진다고 한다. 일곱째 나팔을 불 때 신천지 신도에게 육체 영생이 이루어지고 무덤 속에 있는 자가 부활하게 된다. 세상 나라는 하나님의 나라가 되어 신천지 신도는 왕 노릇을 하게 된다. 이러한 일곱째 나팔을 부는 자는 이만희이다. 이만희가 일곱째 나팔을 불어 신천지 실상이 완성된다고 한다. 일곱째 나팔의 실상은 사실일까? 신천지의 일곱째 나팔의 실상은 쉽게 잘 확인해 볼 수 있는 허구이다. 일곱째 나팔의 허구를 밝혀본다.

## 1. 이만희의 일곱째 나팔의 실상교리

**이만희가 일곱째 나팔이다.**

계시록 8장부터 일곱 나팔에 대한 예언이 있다. 이만희는 나팔에 관한 것도 비유로 풀어야 한다고 한다. 나팔을 비유로 육체라고 하고 나팔을 부는 천사를 영이라고 한다.

"나팔은 '하나님의 말씀을 대언하는 육체'요, 나팔 부는 자는 '영(천사)'이며, 나팔 소리는 '증거의 말씀'이다. 나팔을 부는 이유는 하나님의 백성에게 죄와 허물이 있음을 알려 회개케 하려 함이다. 천사들은 일곱 금 촛대 장막에서 믿음의 씨로 빼낸 성도들을(계 6:6) 나팔로 삼아 배도와 멸망의 사실을 알린다."(〈요한계시록의 실상〉, 2011년판, p.151).

나팔을 부는 자는 천사, 영이며 나팔은 사람의 육체라고 하여 일곱 나팔이 일곱 명의 사람이라고 한다. 일곱 나팔인 일곱 명의 사람 중에 일곱 번째 나팔에 해당되는 사람이 바로 이만희라고 하는 것이 신천지 집단의 실상교리이다.

"(두 증인이) 하나님의 생기를 받고 살아나 일곱째 나팔을 분다."(〈요한계시록의 실상〉, 2017년, p.219).

여기에서 두 증인은 이만희를 가리키는 말이다.


**일곱째 나팔을 불 때 영생과 부활이 이루어진다.**

일곱 나팔 중에 여섯째 나팔까지는 장막성전의 재앙을 알리는 것이라고 한다.

"일곱 나팔 중 여섯 나팔은 하나님의 진노로 이방으로 쫓겨난 선민이 당하는 재앙을 알리는 것이요(계 8~9장)." (〈요한계시록의 실상〉, 2011년, p.151).

여섯째 나팔까지는 장막성전 즉 첫 장막에 대한 것이라고 한다. 그러나 일곱 번째 나팔의 소리가 날 때 영생이 이루어지고 부활이 이루어진다고 하는 것이 실상이다.

"일곱 째 천사가 마지막 나팔을 불 때 하나님의 비밀이 종 선지자들에게 전한 복음과 같이 이루어질 것이라고 했다(계 10:7). 종 선지자들에게 전한 복음은 성경전서를 통해 알려 주신 영생과 부활이다."(〈요한계시록의 실상〉, 2011년, p.214).

일곱 나팔 중에 마지막 나팔이라고 하여 예수님의 재림 때 부는 나팔이 바로 일곱째 나팔이며 이만희라고 한다. 그래서 이만희가 나팔을 불 때 죽은 자가 부활하는 역사가 있다고 하는 것이다.

"마지막 일곱째 나팔에 대한 사도 바울의 증거를 들어 보자. 참고)보라 내가 너희에게 비밀을 말하노니 우리가 다 잠 잘 것이 아니요 마지막 나팔에 순식간에 홀연히 다 변화하리니 나팔 소리가 나매 죽은 자들이 썩지 아니할 것으로 다시 살고 우리도 변화 하리라 이 썩을 것이 불가불 썩지 아니할 것을 입겠고 이 죽을 것이 죽지 아니함을 입으리로다. 이 썩을 것이 썩지 아니함을 입고 이 죽을 것이 죽지 아니함을 입을 때에는 사망이 이김의 삼킨바 되리라고 기록된 말씀이 응하리라 (고전 15:51~54)."(〈요한계시록의 실상〉, 2011년, p.214~215).

일곱째 나팔인 이만희가 말씀을 전할 때 고전 15장의 말씀과 같이 부활의 역사가 일어나고 영생이 이루어진다는 말이다.

"마지막 나팔 소리가 날 때 육신이 죽은 자들은 썩지 아니할 것으로 다시 살고, 육신도 살아있는 자들은 변화한다고 한다. 또 이 썩을 몸이 썩지 아니함을 입고 이 죽을 몸이 죽지 아니함을 입음으로 사망이 생명에게 삼킴을 받는다고 하였으니 곧 부활과 영생이다."(〈요한계시록의 실상〉, 2011년, p.215).

죽은 자가 부활하는 마지막 나팔, 예수님의 재림과 함께 불게 되는 마지막 나팔이 바로 일곱째 나팔이며 이만희라고 하는 것이다. 이에 대하여 이만희는 다음과 같이 말하였다.

"바울은 마지막 나팔 소리에 죽은 자들이 썩지 아니할 것으로 다시 살고 우리도 변화되어 이 썩을 것이 썩지 아니할 것을 입겠고 이 죽을 것이 죽지 아니함을 입으며 이때에는 사망이 이김의 삼킨바 되리라고 기록된 말씀이 응한다고 증거하고 있으니 이 마지막 나팔이 곧 본문의 일곱째 나팔이다."(〈계시〉, 1999년, p.209).

**세상 나라가 그리스도의 나라가 된다.**

일곱째 나팔이 불릴 때 영생이 이루어지고 부활한 성도들이 일어나게 되면 세상 나라가 하나님의 나라로 변하게 된다고 한다.

"마지막 나팔 소리가 날 때 육신이 죽은 자들은 썩지 아니할 것으로 다시 살고, 육신도 살아있는 자들은 변화한다고 한다. 또 이 썩을 몸이 썩지 아니함을 입고 이 죽을 몸이 죽지 아니함을 입음으로 사망이 생명에게 삼킴을 받는다고 하였으니 곧 부활과 영생이다. 이 일을 가리켜 본문에서는 세상 나라가 그리스도의 나라가 된다고 했다(15절)."(〈요한계시록의 실상〉, 2011년, p.215).

"이 일 후에 일곱째 나팔 소리가 나면 세상 나라가 하나님의 나라가 되고 구원이 이루어지기 때문이다(계 10:7, 11:15)." "일곱째 천사가 나팔을 불매 하늘에 큰 음성들이 나서 가로되 세상 나라가 우리 주와 그의 그리스도의 나라가 되어 그가 세세토록 왕 노릇 하시리로다(계 11:15)."(위의 책, p.174).

신천지 집단의 신도들은 일곱째 천사가 나팔을 불어 영생을 얻고 세상 나라가 하나님의 나라가 되어 신천지 집단이 왕 노릇 하는 역사를 기다리고 있다.

**약속된 상급을 받는다.**

성경은 예수님께서 재림하시면 상을 주시겠다고 약속하였다. 많은 성도들이 이 하늘의 상급을 바라보고 핍박과 고난도 참고 인내한다.

"이방들이 분노하매 주의 진노가 임하여 죽은 자를 심판하시며 종 선지자들과 성도들과 또 무론대소하고 주의 이름을 경외하는 자들에게 상 주시며 또 땅을 망하게 하는 자들을 멸망시키실 때로소이다 하더라."(계 11:18).

신천지 집단은 하늘의 이 상급은 일곱째 나팔을 불 때 받는 것이라고 한다.

"니골라 당이라고도 하는 짐승과 싸워 이기는 자에게 주께서 주실 상은 계시록 2, 3장에 기록된 복이며, 주와 함께 고생한 열두 사도에게 주실 상은 이스라엘 열두 지파를 다스리는 권세이다(눅 22:28~30). 주께서는 이외에도 각 사람에게 일한 대로 갚아주신다고 약속하셨으며(계 22:12), 사도 바울은 주와 함께 받는 고난은 장차 나타날 영광과 족히 비교할 수 없다고 했다(롬 8:18). 그러나 스가랴 8장 10절에 기록한 그 날 곧 본문의 일곱째 나팔을 부는 때가 오기 전에는 사람이나 짐승이나 다 삯을 받지 못한다."(위의 책, p.216).

### 일곱째 나팔은 언제 불었는가?

일곱째 나팔을 불 때 신천지의 모든 역사가 이루어진다. 그러면 언제 일곱째 나팔을 불게 되는가? 이만희는 나팔을 불게 되는 때를 여러 가지로 말하고 있다.

첫째, 일곱째 나팔은 마흔두 달 후에 불게 된다고 한다.

"그러므로 여섯째 나팔을 분 후에 둘째 화가 지나가고 셋째 화가 이르게 된다. 따라서 셋째 화는 하나님의 선민이 마흔두 달 동안 (세 때 반)을 지내며 성도의 권세가 완전히 깨어지고 즉 멸망자에게 짓밟히는 기간이 지난 후 일곱째 나팔과 함께 이르는 것이다."(〈계시록의 진상〉, p.148).

"두 증인이 부활됨으로 이방에게 주어진 42달이 끝나고 일곱째 천사가 나팔을 분다.(〈천지창조〉, 2007년, p.217), 이와 같이 일곱째 나팔을 불게 될 때는 42달이 지난 후임을 알 수 있다."(〈계시록 완전해설〉, p.132).

이만희가 말하는 마흔두 달은 1980년 9월부터 1984년 3월까지이므로 일곱째 나팔은 1984년 3월 14일부터 불었다는 것이다.

둘째, 두 증인이 죽었다가 살아난 후에 일곱째 나팔을 불었다고 한다.

이만희가 말하는 두 증인이란 이만희와 홍종효를 말하는데 두 증인이 감옥에 가는 것을 두 증인의 죽음이라고 한다. 두 증인이 죽었다가(감옥) 다시 살아난 후에 일곱째 나팔을 불었다는 것이다.

"두 증인이 죽음에서 소생하여 일곱째 나팔을 불게 된다는 사실도 아울러 기억해 주기 바란다. 두 증인이 다시 살아나서 하늘로 구름타고 올라간 후에 일곱째 나팔을 불도록 계시록에 기록된 것도 이 때문이다."(〈계시록의 진상〉, p.172).

"삼일 반 후에 외치는 소리가 곧 일곱 번째 천사의 나팔 소리이다. 이 마지막 나팔로 구원의 섭리가 이룩된다."(〈계시록의 진상2〉, p.214).

삼일 반이란 두 증인의 죽음 기간을 말한다. 계시록 11장 11절에는 두 증인이 죽었다가 삼일 반 만에 살아나서 생기를 받는다고 되어있다. 두 증인이 생기를 받는 그때 일곱째 나팔을 불게 된다는 것이다.

"그러나 이 마지막 나팔은 11장의 두 증인이 역사하던 가운데 죽었다가 다시 생기를 받아 일어나는 때부터 불려지게 되니(계 11:15) 그때부터 사단 짐승의 때가 끝이 나고 하나님의 구원의 때가 오게 된다."(〈계시〉, p.190~191).

셋째, 일곱째 나팔을 분 후에 신천지가 시작되었다고 한다.

"일곱째 나팔을 불 때에 전개되는 모든 사건이 배도자와 멸망자에게는 화로 미치게 되고 새로 열리는 하나님의 성전 곧 둘째 장막(계 11:19)의 백성들에겐 구원의 실상 시대가 전개되는 것이다."(〈계시록의 진상〉, p.172).

일곱 나팔을 불어서 성전인 신천지가 열린다고 하는 것이 이만희의 실상 교리이다. 이에 대하여 이만희는 이렇게 말하였다.

"일곱째 나팔이 불려지기 전까지는 사단의 역사로 하나님의 성전이 열리지 않았으나, 일곱째 나팔이 불려진 후에는 세상 나라가 하나님의 나라가 되므로 이 땅의 하나님의 성전이 열리게 된다. 성전이 열린다는 것은 복음이 전파되어 요한에게 척량 받은 자들 뿐 아니라 많은 사람이 들어올 수 있도록 그 존재가 세상에 알려진다는 뜻이다."(〈요한계시록의 실상〉, 2017년, p.217).


## 2. 이만희의 일곱째 나팔 실상 교리는 허구이다.

### 일곱째 나팔을 불었다는 때가 맞지 않다.

이만희는 일곱째 나팔을 마흔두 달 후에 불었다고 말한다.

"이와 같이 일곱째 나팔을 불게 될 때는 42달이 지난 후임을 알 수 있다."(〈계시록 완전해설〉, 1986년, p.132).

그렇다면 이만희가 말하는 마흔두 달은 1980년 9월부터 1984년 3월 14일까지이다. 그러면 일곱째 나팔은 1984년 3월 14일 이후에 불었다는 말이 된다. 그러나 이만희는 또 두 증인이 죽었다가 살아나서 생기를 받은 때에 일곱째 나팔을 불었다고 한다.

"그러나 이 마지막 나팔은 11장의 두 증인이 역사하던 가운데 죽었다가 다시 생기를 받아 일어나는 때부터 불려지게 되니(계 11:15) 그때부터 사단 짐승의 때가 끝이 나고 하나님의 구원의 때가 오게 된다."(〈계시〉, p.190~191).

두 증인이 죽은 때는 1980년 10월 27일이다.

"첫 장막 일곱 사자에게 편지로 증거하다가 동년 10월 27일 이방 침노사들에 의해 투옥되어 증거가 중단되었고."(〈신천지 발전사〉, p.4).

두 증인이라는 이만희와 홍종효가 구속되어 말씀을 증거하지 못하게 된 것이 죽은 것이라고 한다. 이 두 증인이 죽었다가 살아나는 기간을 삼일 반이라고 한다. 이만희는 이렇게 말하였다.

"죽은 두 증인을 3일 반 동안 바라보며 서로 예물을 주고받으며 기뻐할 때

(9~10절), 두 증인이 하나님께 생기를 받아 발로 일어선다고 한다(11절). 두 증인의 영적 죽음의 기간인 이 '3일 반'은 문자 그대로의 기간이다."(〈요한계시록의 실상〉, 2011년, p.211).

이만희의 말대로 한다면 두 증인이 생기를 받아 일어나는 때는 1980년 11월 1일이 된다. 일곱째 나팔은 1980년 11월 1일에 불었다는 말이다. 이만희가 일곱째 나팔을 마흔두 달이 지난 후에 불었다고 하면서 두 증인이 생기를 받아 일어나는 때 불었다고 하는 것은 맞지 않다. 이만희의 일곱째 나팔의 실상은 허구이다.

**1,260일 동안 첫 장막에 말씀을 전했다는 말이 맞지 않다.**

이만희의 일곱 나팔에 대한 해석을 보면 여섯째 나팔까지는 마흔두 달(1980년. 9월~1984년. 3월) 기간 동안 첫 장막을 향해 불었고 일곱째 나팔은 마흔두 달 후 1984년 3월 14일 후부터 이만희가 불었다는 것이 실상이다.

"마지막 일곱째 나팔은 지금까지 보았던 여섯 나팔과는 달리 크나큰 의미가 있다. 왜냐하면 여섯 나팔은 배도한 장막 성도에게 심판과 형벌을 가져왔으나, 마지막 나팔은 구원을 불러오기 때문이다."(위의 책, p.214).

여섯째 나팔까지는 마흔두 달 기간 동안 다른 사람들이 첫 장막에 불었고, 일곱째 나팔은 이만희가 마흔두 달 후 구원의 나팔로 불었다는 것이다.

"마지막 나팔은 배도 멸망의 일 후에 시작되는 구원의 나팔 소리이다."(〈계시〉, p.209).

그렇다면 마흔두 달(1980.9~1984.3) 기간 동안 이만희는 첫 장막에 말씀을 전하지 않았다는 말이 된다. 이만희가 책을 받아먹은 뒤에 일곱째 나팔을 불었다고 하기 때문이다.

"이는 사도 요한이 천사의 손에서 펴놓인 책을 받아먹은 후에 일곱째 나팔을 불게 되기 때문이다. 그러므로 종말기에 이와 같은 지상의 사명자가 나타나 책을 받아먹고 주의 사명을 완수하기로 작정된 하나님의 뜻을 보여준 예표이다. 따라서 사도 요한적인 인물의 출현이 불가피하며 그가 그리스도 예수와 하나님 앞에 충성되고 참된 증인의 나팔 곧 일곱째 나팔을 불게 됨을 자세히 일깨워 준 내용이라 하겠다."(〈계시록의 진상〉, p.145).

그렇다면 이만희는 여섯 개의 나팔을 부는 마흔두 달(1980.9~1984.3) 기간 동안 첫 장막에 말씀을 전하지 않았다. 그런데 이만희는 계 11장 3절을 해석하면서 두 증인인 이만희가 1,260일(1980.9~1984.3)을 예언했다고 하였다.

"두 증인이 입은 굵은 베옷은 '죽은 행실을 회개시키는 말씀'을 의미한다. 그러므로 이들은 회개를 촉구하는 말씀의 옷을 입고 1,260일 곧 3년 반 동안 장래사를 예언하게 된다."(〈요한계시록의 실상〉, 2017년, p.202).

3년 반 동안 이만희는 첫 장막에 회개를 촉구하는 말씀을 전했다고 한다.

"그러므로 두 증인이 굵은 베옷을 입고 예언한다는 말은, 이방에게 짓밟히고 있는 배도자들에게 회개를 촉구하는 동시에 장래 일을 알리고 있음을 말해 준다."(위의 책, p.202).

이만희의 일곱 나팔의 해석에서는 첫 장막에 여섯 나팔이 불려질 때라고 하고 두 증인에 대한 해석에서는 같은 기간(1,260일)에 이만희가 첫 장막에 말씀을 전했다는 것이 맞지 않다. 이만희의 일곱째 나팔 실상은 허구가 분명하다.

**부활과 영생이 이루어지지 않았다.**

이만희는 일곱째 나팔을 불면 부활과 영생이 이루어진다고 하였다.

"마지막 나팔 소리가 날 때 육신이 죽은 자들은 썩지 아니할 것으로 다시 살고, 육신도 살아있는 자들은 변화한다고 한다. 또 이 썩을 몸이 썩지 아니함을 입고 이 죽을 몸이 죽지 아니함을 입음으로 사망이 생명에게 삼킴을 받는다고 하였으니 곧 부활과 영생이다."(〈요한계시록의 실상〉, 2011년, p.215).

이만희는 1984년 3월 14일부터 일곱째 나팔을 불었는데 부활과 영생이 일어나지 않았다. 이만희의 일곱째 나팔소리를 듣고 부활한 육체는 없다. 썩지 아니할 몸을 가진 자도 없다. 이만희가 말하는 실상이 맞는다면 일곱째 나팔을 불기 시작한 1984년 3월부터 무덤에서 부활자가 있어야 한다. 일곱째 나팔이라고 하는 이만희의 나팔이 불려진 지 36년이 지난 지금까지 육신의 부활은 일어나지 않았다. 뿐만 아니라 썩지 않을 육신으로 변화되어 영생에 들어간 신천지 신도도 없다. 이긴 자라고 하는 이만희도 썩지 않을 몸으로 바뀌지 않았다. 이만희는 그 육신이 늙어만 가고 있다. 머리도 빠지고, 이도 빠지는 썩어가는 육신을 그대로 입고 있다. 이로 보아 이만희의 일곱째 나팔의 실상은 허구임이 분명하다.

**왕 노릇이 이루어지지 않았다.**

이만희가 일곱째 나팔을 불게 되면 세상 나라가 그리스도의 나라가 되고 신천지 신도는 세계를 다스리는 왕 노릇을 한다고 하였다.

"이 일 후에 일곱째 나팔 소리가 나면 세상 나라가 하나님의 나라가 되고 구원이 이루어지기 때문이다(계 10:7, 11:15). 일곱째 천사가 나팔을 불매 하늘에 큰 음성들이 나서 가로되 세상 나라가 우리 주와 그의 그리스도의 나라가 되어 그가 세세토록 왕 노릇 하시리로다(계 11:15)."(〈요한계시록의 실상〉, 2011년,

p.174).

이만희가 말한 실상대로라면 일곱째 나팔을 불었다는 1984년부터 세상 나라가 그리스도의 나라가 되어야 하고 신천지 신도들은 왕 노릇을 하고 있어야 한다. 1984년 이후 세상 나라가 하나님의 나라로 바뀌는 역사는 없었다. 그리고 신천지 신도의 왕 노릇 하는 일도 이루어지지 않았다. 신천지 신도들은 종노릇을 하고 있을 뿐이다. 신천지 집단의 실상은 허구일 뿐이다.

### 신천지 신도들은 약속된 상을 받았는가?

계시록 11장 18절에는 일곱째 천사가 나팔을 불 때 하나님의 백성들에게 상을 주신다고 기록되어 있다.

"이방들이 분노하매 주의 진노가 내려 죽은 자를 심판하시며 종 선지자들과 성도들과 또 작은 자든지 큰 자든지 주의 이름을 경외하는 자들에게 상주시며 또 땅을 망하게 하는 자들을 멸망시키실 때로소이다 하더라."(계 11:18).

이만희도 이 말씀대로 일곱째 천사가 나팔을 불 때 상을 받게 된다고 하였다. 일곱째 천사가 나팔을 불 때 신천지 집단 신도들에게 상이 주어진다고 하는데 이 상은 어떤 상일까?

"일곱째 나팔 소리에 분노하는 이방은 하나님의 성도를 사로잡은 무저갱 짐승이다. 이들은 자신들이 주관하고 있는 세상 나라가 하나님 나라가 되고 주께서 자신들에게 베푸실 심판이 곧 이를 것임을 알기에 분노한다. 니골라 당이라고도 하는 짐승과 싸워 이기는 자에게 주께서 주실 상은 계시록 2, 3장에 기록된 복이며, 주와 함께 고생한 열두 사도에게 주실 상은 이스라엘 열두 지파를 다스리는 권세이다(눅 22:28~30).… 사도 바울은 주와 함께 받는 고난은 장차 나타날 영광과 족히 비교할 수 없다고 했다."(〈요한계시록의 실상〉, 2017년, p.215).

신천지 집단의 실상이 맞다면 일곱째 나팔을 불기 시작한 1984년 3월 14일에 신천지 신도들은 상을 받았어야 한다. 받은 고난과 족히 비교할 수 없는 영광을 받았어야 한다. 특히 이만희가 받을 상은 계시록 2, 3장에 기록된 복이라고 하였다. 그러나 신천지 집단에 그러한 일이 전혀 일어나지 않았다. 1984년 3월 14일 당시 신천지 집단은 소수의 무리 백여 명의 신도가 있었을 뿐이다. 소위 이긴 자라고 하는 이만희는 1984년 3월 14일에 계시록 2, 3장의 복을 받았는가? 계 2:11에 이기는 자는 둘째 사망의 해를 받지 않는 다고 했는데 왜 이만희는 늙어 가는가? 둘째 사망의 해를 받고 있지 않은가? 계 2:26에는 이기는 자에게 만국을 다스리는 권세를 주신다고 하였는데 이만희가 1984년부터 만국을 다스리고 있는가? 만국이란 지구의 모든 나라를 말한다고 이만희 자신이 말했다.

"만국이라 함은 지구촌 모든 사람을 말하며 예외가 없다."(위의 책, p.303).

이만희는 자신을 장차 철장으로 만국을 다스릴 자라고 그의 모든 책에서 강조하고 있다. 그러면 언제부터 이만희가 철장으로 만국 곧 지구촌의 모든 사람을 다스리게 되는가? 일곱째 나팔을 부는 때 마흔두 달이 지난 1984년부터 이루어진다고 한다.

"아이가 만국을 다스릴 '장차'라는 시점은 용의 무리와 싸워 '이긴 후'이다. 즉 멸망의 기간인 '마흔두 달이 끝난 뒤'를 말한다."(위의 책, p.230~231).

이만희가 1984년부터 만국을 다스리고 있는가? 일곱째 나팔을 불었다는 1984년부터 35년이 지난 오늘까지 만국은커녕 한국도 못 다스리고 있다. 신천지 이만희의 실상은 허구이다.

# 제 13장 이만희의 666 해석과 실상의 허구

계시록 13장에는 666짐승의 표가 기록되어 있다. 이단들마다 계시록 13장의 짐승의 표를 나름대로 해석하고 있다. 신천지 집단의 이만희도 짐승의 표 666을 해석해서 실상이라고 한다.

이만희가 실상이라고 하는 짐승의 표 666 해석을 보면 기상천외하다. 신천지 신도들은 이런 해석을 듣고 실상이 이루어졌다고 하여 의심 없이 믿고 있다. 신천지 이만희의 기상천외한 짐승의 표 666의 실상의 허구를 밝혀본다.

## 1. 이만희의 짐승의 표와 666의 실상

### 짐승의 표는 언제, 어디에서 실상이 이루어졌는가?

이만희는 짐승의 표가 세계적으로 있는 일이 아니라고 한다. 장막성전에 있었던 목사 안수식에서 이루어진 일이라고 한다.

"본문 사건의 현장은 장막성전이지 전 세계가 아니다. 이 점을 기억하면서 666표가 무엇인지 알아보자."(〈요한계시록의 실상〉, p.263).

그러면 언제 장막성전에서 짐승의 표를 주는 일이 있었는가? 1981년 9월 20일 장막성전에서 장막성전 전도사 17명에게 목사 안수를 주는 일이 있었는데 이때 머리에 안수를 받았으니 머리에 표를 받은 것이며, 오른손을 들어 선서했으니 오른손에 표 받은 것이라고 한다. 신천지는 이에 대하여 이렇게 말하였다.

"그리고 노회장을 향해 서약이 있었다. 이때 전 성도가 일어서서 오른손을 들고 서약했으며 이 맹세는 일곱 가지로 노회장의 물음에 '예'로 대답을 했다. 그리고 장막성전의 전도사 17명을 단상 앞에 무릎을 꿇어앉히고 안수 위원들이 이마에 안수 한 번 함으로 해서 일시에 장로교 목사를 세웠다. 이 일이 곧 오른손과 이마에 표 받은 일이요."(〈신천지 발전사〉, p.42).

짐승의 표의 실상은 1981년 9월 20일 오후2시 장막성전에서 오른손을 들어 선서함으로 표를 받고 이마에 안수를 받음으로 이마에 표를 받은 사건이라는 말이다.

### 열 뿔 일곱 머리는 청지기 교육원이다.

계시록 13장에 보면 열 뿔 일곱 머리 짐승과 새끼 양 같은 짐승이 나온다. 이 짐승에 의해서 짐승의 표가 주어지는데 이만희는 짐승의 표를 주는 열 뿔 일곱 머리는 당시의 〈청지기 교육원〉이라는 단체를 말한다고 한다. 그리고 새끼 양 같은 짐승은 오평호를 말한다고 한다. 왜 청지기 교육원이 열 뿔 일곱 머리인가? 이만희는 열 뿔은 열 장로이며, 일곱 머리는 일곱 목자라고 해석하였다. 이만희는 말한다.

"용의 정체는 여러 차례 기술한 대로 누시엘의 조종을 받는 땅의 뱀 무리이다. 일곱 목자와 열 장로가 뭉치어 조직한 어느 군소 종단의 총회를 말한다."(〈계시록의 진상〉, p.183).

열 뿔인 열 장로와 일곱 머리인 일곱 목자로 조직된 이 짐승에 해당하는 단체는 바로 당시의 청지기 교육원이라고 한다.

"언약의 장막성전을 침노한 이방 청지기 교육원은 서기관과 바리새인들의 역할로 거룩한 곳 장막성전에 선 것이다(마 23:, 24:15응함). 이날 이때 하나님의 장막성전 사람들이 하나님과의 언약을 버리고 아담같이(호 6:7) 침노한 그들과 손을 들어 언약한 것이 곧 이마와 오른손에 표 받은 사건이요(계 13:) 이 일이 하나님이 예언해 놓으신 배도와 멸망의 사건인 것이다."(〈종교세계의 관심사〉, p.36).

짐승의 표를 준 짐승의 실상이 바로 청지기 교육원이라고 하는 것이다.

## 새끼 양 같은 두 뿔 가진 짐승

계시록 13장 11절에는 땅에서 올라오는 새끼 양 같은 짐승이 나온다. 이 두 뿔이 있는데 용처럼 말했다고 한다. 이만희는 이 짐승은 오평호를 말한다고 한다. 이 짐승은 땅에서 올라왔다고 했으니 땅은 장막성전이라는 것이다. 그래서 장막성전 출신 오평호라고 해석하는 것이다.

"여기서 말하는 땅은 하늘 장막에 짐승이 들어옴으로써 하늘에 속하였던 별(성도)들이 육에 속한 땅으로 떨어졌음을 의미하는 땅으로 전 성도를 칭한다. 그리고 이 짐승의 모양이 새끼 양 같다 하였던 것은 당초엔 그가 하나님의 양 떼에 속하여 목자의 양육을 받아 왔음을 뜻한다. 그가 땅에서 올라왔다는 말도, 그 성도 가운데서 짐승으로부터 은전을 입어 (권세를 받아) 특별히 선택을 받았음을 말한다. 멸망의 아들인 처음 짐승이 하늘 장막을 장악하여 명실 공히 당회장으로 재직하던 중 성도들로부터 심한 반발을 받게 되어 죽을 지경에 이르렀다가 그의 명예를 회복할(상한 머리를 낫게 할) 좋은 찬스를 만들었다."(〈계시록의 진상〉, p.201).

당회장으로 재직했었다는 것은 오평호를 말하고 있다. 그리고 두 뿔이 있다는 것은 장로가 두 사람이었다고 해석한다.

"그에게 두 뿔이 있다함은 그 자에게 두 사람의 장로를 붙여 주어 그를 보필

케 한 것을 말한다."(위의 책, p.201).

이렇게 신천지에서는 오평호를 땅에서 올라온 두 뿔 가진 짐승이며 멸망자라고 가르치고 있다.

### 표를 받지 않으면 매매를 못하게 하는 실상

계시록 13장 17절에는 짐승의 표를 받지 않으면 매매를 못하게 한다는 말씀이 있다. 이만희는 이것을 어떻게 해석하는가? 이만희는 그날 목사 안수를 받은 사람들이 짐승의 표를 받은 것이라고 하였다. 짐승의 표를 받지 않는 사람은 매매를 못하게 한다는 말은 설교를 못하게 하는 것이라고 한다.

"전술한 대로 이마에 표를 받는 것은 목사 안수를 받은 일이다. 그러므로 표를 가진 자는 목사의 자격증을 가진 자들이다. 말하자면 목사의 자격증이 없이는 단에 서서 말씀을 가르치지 (매매) 못하게 못 박고 사이비나 이단 등의 교단에서나 있는 일로 규정하여 완전히 금해버린 것이다. 이것이 표를 가진 자 외에는 매매를 못하게 한 사단의 역사였음을 명심하기 바란다."(위의 책, p.206).

### 666에 대한 이만희의 실상

이만희는 666에 대하여 기상천외한 해석을 한다. 이만희는 666 숫자를 두 가지로 풀이를 한다. 첫 번째는 금 신상에 관한 것이며 두 번째는 솔로몬에 관한 것으로 해석한다. 먼저 금 신상에 대한 주장을 보자.

"이 짐승의 이름을 666이라고 한 것은 귀신의 나라 바벨론 왕 느부갓네살(단 2:31~38, 우상)이 금으로 만든 우상을 빙자한 것으로(단 3:1~7) 그 우상에 든 금이 모두 600(왕상 10:16)세겔이요 고가 60이며 넓이가 60이므로 이를 합하여 666이라 한 것이다."(〈계시〉, p.239).

금 신상에서 666을 만들어낸 이만희의 기발한 해석이다. 그리고 두 번째 666의 해석은 솔로몬에 대한 것이다. 이에 대하여 이만희는 뭐라 하는가.

"다윗은 가나안 7족과는 혼인도 하지 말고 아껴보지도 말고 쳐 죽이라(신 7:1 ~11)는 하나님의 금령을 무시하고 가나안 7족 중 헷 족속의 여인 밧세바를 취하여 그에게서 난 솔로몬을 자기 후임의 왕으로 세워 치리하게 하였다(삼하 11:2, 왕상 1:29~31). 솔로몬이 외가 쪽의 헷 여인들을 사랑했고 그 여인들이 솔로몬을 미혹하여 이방신들을 좋게 하므로 예루살렘 앞에 산당을 짓고 이스라엘 모든 백성들에게 절하게 하였다(왕상 11:6~8). 이 일로 인해 이스라엘은 앗수르와 바벨론에 사로잡혀 멸망을 받게 되었고 나라도 글도 말도 없어지게 된 것이다. 본문의 666 짐승의 사건은 금666 달란트를 가진 솔로몬 때를 빙자한 것으로 장막 출신의 다윗 격인 목자가 이방의 일곱 목자(머리)중 한 목자(여자)를 취하여 솔로몬 격인 한 영적 아들을 낳고 이 아들에게 자기의 당회장 자리(왕권)를 넘겨준 사건이요 당회장이 된 솔로몬 같은 이 목자는 이방 가나안 7족과 같은 이방교단 일곱 목자(머리)를 끌어들여 선민장막에 들어오게 하였고 솔로몬이 이스라엘 백성들로 하여금 이방신에게 절하게 한 것 같이 짐승 같은 일곱 교권자들로 금 촛대 장막을 삼키고 자기들의 이름으로 성도의 이마와 오른손에 표하게 한 사건이다."(〈계시〉, p.239~240).

이 해석을 요약한다면 다윗이 헷 족속인 밧세바와 결혼해서 낳은 아들이 솔로몬이라는 것에 초점을 맞추어 해석하였다. 그래서 이만희는 솔로몬과 같은 인물이 오평호라고 한다. 오평호가 청지기 교육원을 끌어들여 장막성전을 멸망시킨 일에 대한 비유라고 하는 것이다.

## 2. 이만희의 짐승의 표와 666의 실상의 허구

**짐승의 표가 1981년 9월 20일 장막성전만 해당된다는 것이 맞지 않다.**

이만희는 짐승의 표는 1981년 9월 20일에 있었던 장막성전의 목사 안수식에만 해당되는 것이라고 하였다. 그렇다면 그날 그 자리에서 목사 안수를 받은 소수의 사람 외에는 짐승의 표를 받을 수도 없다는 말이 된다.

"짐승에게 경배하지도 않고 표 받지도 아니한 자들은 살아서 첫째 부활에 참예하며 그리스도와 함께 천 년 동안 왕 노릇 하게 된다."(〈요한계시록의 실상〉, 2011년, p.268).

그렇다면 1981년 장막성전에서 안수 받은 소수의 무리 외에 모든 사람이 천년왕국에서 왕 노릇하게 된다는 말이다. 그 이전이나 그 이후의 사람들은 짐승의 표를 받고 싶어도 받지 못하기 때문이다. 이만희의 이 실상은 맞지 않다. 요한계시록 13장 16절에는 "그가 모든 자 곧 작은 자나 큰 자나 부자나 가난한 자나 자유인이나 종들에게 그 오른손에나 이마에 표를 받게 하고"라고 하였다. 그날 목사 안수 받은 특정인 17명에만 해당되는 것이 아니라 '모든 자'에게 해당된다고 하였다. 짐승의 표를 받는 것이 장막성전에서 1981년 9월 20일 목사 안수 받은 사람에게만 해당된다는 신천지 집단의 이만희의 실상은 허구이다.

**열 뿔 일곱 머리가 청지기 교육원이라는 실상이 허구이다.**

이만희는 계시록 13장에 바다에서 나온 짐승이 청지기 교육원이라고 한다. 청지기 교육원이 열 뿔인 열 장로와 일곱 머리인 목사 일곱 명으로 조직되었다는 것이다. 이 내용은 조작된 거짓말이다. 신천지에서 말하는 청지기 교육원은 당시에 작은 사설 단체였다. 이 청지기 교육원에 열 장로는 없었다.

"열 뿔에 열 면류관은 멸망자의 조직 가운데 있는 열 장로의 명예를 말하고 머리마다에 있는 참람된 이름은 각기 즐겨 받아들인 그 조직의 감투자리를 말한다."(〈요한계시록의 진상〉, p.196).

열 뿔을 '멸망자의 조직가운데 있는 열 장로'라고 하였는데 '멸망자'는 청지기 교육원을 말한다. 청지기 교육원 조직에 열 장로가 없었다. 청지기 교육원에는 장로가 없다. 이는 조작된 거짓말이다. 신천지 집단에서 발행한 〈종교세계 관심사〉에 청지기 교육원의 소개가 나와 있다(〈종교세계 관심사〉, p.43). 여기에도 장로는 전혀 찾아볼 수가 없다. 청지기 교육원의 열 뿔 열 장로의 실상은 허구이다. 신천지 집단은 청지기 교육원에 열 장로가 없었기 때문에 그 증거를 제시하지 못한다. 그래서 〈신천지 발전사〉에 열 장로의 임직식 사진을 올려놓고 열 뿔이라고 한다(〈신천지 발전사〉, p.44). 그러나 이 열 장로는 청지기 교육원의 장로가 아니다. 오평호가 세운 장막성전의 장로이다. 사진에 대하여 **"오평호 목사가 이삭교회 당회장이 된 후 12장로를 사퇴시키고 장로교회의 교법에 따라 10장로(10뿔:남7+여5)를 세웠다."**(〈신천지 발전사〉, p.44)라고 하였다.

열 뿔이 열 장로라고 한다면 오평호가 열 뿔이 되어야 한다. 열 장로가 오평호의 이삭교회 장로이기 때문이다. 청지기 교육원은 한 명의 장로도 없었다. 이만희는 또한 일곱 머리는 일곱 목자라고 하였다. 청지기 교육원의 목사가 일곱 명이라는 것이다. 이 또한 거짓말이다. 청지기 교육원에 7명의 목사가 딱 있었던 것이 아니다. 청지기 교육원을 소개하는 〈종교세계 관심사〉 43쪽에 보면 청지기 교육원에 목사가 4명이 있었다가 6명이 있었다가 하였다. 일곱 머리인 7명의 목사로 되었다는 것은 거짓말이다. 청지기 교육원은 열 장로와 일곱 목자로 구성된 것이 아니다. 이만희의 열 뿔 일곱 머리 실상은 허구이다.

**청지기 교육원이 멸망시킨 것이 아니다.**

이만희는 청지기 교육원이 첫 장막에 침노해서 멸망시켰다고 하여 청지기 교육원을 멸망자라고 한다. 청지기 교육원이 멸망자라는 가장 강력한 증거는 청지기 교육원이 장막성전에서 목사 안수식을 했다는 것이다.

"언약의 장막성전을 침노한 이방 청지기 교육원은 서기관과 바리새인들의 역할로 거룩한 곳 장막성전에 선 것이다(마 23:, 24:15응함). 이날 이때 하나님의 장막성전 사람들이 하나님과의 언약을 버리고 아담같이(호 6:7) 침노한 그들과 손을 들어 언약한 것이 곧 이마와 오른손에 표 받은 사건이요(계 13:) 이 일이 하나님이 예언해 놓으신 배도와 멸망의 사건인 것이다."(〈종교세계의 관심사〉, p.36).

신천지 집단 이만희의 이러한 실상 교리는 사실이 아니다. 청지기 교육원은 장막성전을 침노한 적이 없다. 특히 청지기 교육원이 장막성전에서 목사 안수를 준 일도 없다. 청지기 교육원은 목사 안수를 할 권한이 없다. 청지기 교육원은 목사 안수를 할 수 있는 기관이 아니다. 목사 안수는 교단에 소속된 노회에서 주는 것이다. 1981년 9월 20일 장막성전에서의 목사 안수식도 청지기 교육원이 한 것이 아니다.

〈신천지 발전사〉에 나와 있는 이 날의 안수식 순서지에 보면 목사 안수를 하는 기관은 '대한 예수교 장로회 중앙노회'라고 되어 있다. 노회에서 안수식을 시행했고 이날 안수 위원장은 노회장이었고 노회장이 서약을 받았다. 청지기 교육원이 목사 안수를 했기 때문에 장막성전을 침노했다는 말은 거짓말이다. 청지기 교육원은 침노한 적도, 멸망시킨 적도 없다. 이만희의 멸망자의 실상은 허구이다.

### 새끼 양 같은 두 뿔 가진 짐승이 오평호가 아니다.

이만희는 계시록 13장 11절 이하에 나오는 새끼 양 같은 두 뿔 가진 짐승의 실상이 오평호라고 한다. 오평호가 청지기 교육원을 끌어들여서 장막성전을 멸망시켰다고 하는 것이다. 이만희의 이러한 실상도 사실이 아니다. 실제로 오평호는 장막성전에 있던 사람이고 청지기 교육원은 나중에 들어왔다. 오평호가 청지기 교육원보다 먼저 장막성전에 있었다. 그러나 성경은, "내가 보매 또 다른 짐승이 땅에서 올라오니 어린 양 같이 두 뿔이 있고 용처럼 말을 하더라 그가 먼저 나온 짐승의 모든 권세를 그 앞에서 행하고 땅과 땅에 사는 자들을 처음 짐승에게 경배하게 하니 곧 죽게 되었던 상처가 나은 자니라"(계 13:11~12)고 하였다. 열 뿔이 먼저 나온 짐승이고 새끼 양 같은 짐승이 나중에 나온 짐승이라고 되어 있다.

성경과 실상이 틀리다는 것이다. 이러한 점을 볼 때 열 뿔과 일곱 머리 짐승이 청지기 교육원이 아니고 두 뿔 가진 새끼 양 같은 짐승이 오평호도 아니다. 성경에는 이 짐승이 두 뿔이 있다고 하였다. 이만희는 뿔을 장로라고 해석하여 오평호에게 두 장로가 있었다고 하였다. 이것도 맞지 않는다. 오평호가 장막성전을 맡을 당시 신도는 3천여 명이었고 장로도 수십 명이 있었다고 한다. 그러면 뿔이 수십 개가 되어야 하지 않는가? 오평호에게 두 명의 장로가 있었다는 것은 거짓말이다. 신천지 집단 이만희의 실상은 허구이다.

## 금 신상 600세겔의 666의 허구

이만희는 666의 해석을 느부갓네살이 만든 금 신상으로 하였다.

"신상의 고가 60규빗이요, 둘째, 신상의 광이 6규빗이었으며, 셋째, 신상의 중수가 600세겔이었다. 따라서 이 신상인 우상의 내력은 그 합이 666이었고 그래서 그 우상의 이름을 육백육십육이라 한 것이다!"(〈계시록의 진상〉, p.208).

이러한 해석은 이만희가 연구한 것이 아니고 하나님으로부터 계시를 받은 것이라고 한다. 과연 이만희가 받은 계시가 맞는 것일까? 이 금 신상에 대한 기록은 다니엘서에 나온다. 다니엘은 "느부갓네살 왕이 금으로 신상을 만들었으니 높이는 육십 규빗이요 너비는 여섯 규빗이라 그것을 바벨론 지방의 두라 평지에 세웠더라"(단 3:1) 라고 하였다. 본문에 우상의 고가 60규빗이며, 광이 6규빗이라고 말하고 있다. 그러나 금 신상의 중수(무게)가 600세겔이라는 말은 없다. 금 신상의 중수(무게)는 성경에 없는데 이만희는 어떻게 알았을까? 계시를 받아서 중수가 600세겔인 것을 알았다는 말이다. 금 신상은 광이 6규빗이며 고가 60규빗이라고 했다. 1규빗은 "대략 55센치의 길이"이다.(엄도성, 〈성경낱말사전〉, 첨탑, 1982년, p.80). 금 신상은 넓이가 3.3m이며 높이는 33m인 거대한 신상이었다. 신상의 크기는 아파트 15층의 높이였다. 이 우상은 금으로 만들었다. 금의 무게로 말한다면 백 톤 이상이 될 것이다. 그런데 이만희는 이 신상의 중수가 600세겔이라고 하였다. 1세겔은 "11.42g 정도"(위의 책, p.80)이다. 600세겔이면 대략 7kg정도이다. 이만희는 아파트 15층 높이의 금신상의 무게가 7kg이라는 계시를 받은 것이다. 이만희의 실상 교리는 코미디이다. 성경에서 말하고 있는 세겔의 무게를 알지 못하는 이만희의 웃기는 계시이다. 성경에는 신장 여섯 규빗의 골리앗이 입었던 갑옷의 무게가 5천 세겔이라고 하였다.

"블레셋 사람의 진에서 싸움을 돋우는 자가 왔는데 그 이름은 골리앗이요 가드 사람이라 그 신장은 여섯 규빗 한 뼘이요 머리에는 놋 투구를 썼고 몸에는 어린갑을 입었으니 그 갑옷의 중수가 놋 오천 세겔이며."(삼상17:4~5).

골리앗 보다 10배 더 큰 금 신상의 중수(무게)가 600세겔이라는 이만희의 계시는 허구이다. 필자가 이 부분이 잘못되었다고 지적하자 이만희는 자신의 계시를 수정하였다. 1999년에 발행한 〈계시〉라는 책까지이 내용이 있으나 2005년에 발행한 〈요한계시록의 실상〉에는 금 신상부분을 빼버렸다. 이만희도 이것이 잘못된 것이었다는 것을 알게 되었던 것이다. 그러다가 2011년판 〈요한계시록 실상〉에는 그 내용을 살짝수정하였다. 수정한 부분을 확인해보자.

"다니엘 2장과 3장에 바벨론 왕 느부갓네살은 큰 우상(신상)이었고(단2:31~38), 왕이 또 우상 곧 신상(神像)을 만들었으나 고(高)는 60규빗이요, 광(廣)은 6규빗이다(단 3:1). 솔로몬이 세입금(歲入金) 666 금 달란트로 방패들을만들 때 방패 하나에 든 금이 600세겔이다(왕상 10:14~16, 대하 9:13~15). 다니엘 3장에 느부갓네살 왕이 만든 신상은 왕을 지키기 위한 방패와 같은 것이며,솔로몬 왕이 방패를 만든 것도 자기를 지키기 위한 것이었다. 여기에 든 금 600과 고(高) 60과 광(廣) 6을 합하면 666이다."(〈요한계시록의 실상〉, 2011년,p.266).

처음에는 금 신상의 중수가 600세겔이라고 하다가 이 부분이 잘못된것임을 필자가 지적하자 솔로몬의 '방패에 든 금이 600세겔'이라고 수정하였다. 1985년판 〈계시록의 진상〉에는 분명히 "신상의 중수가 600세겔이었다"(〈계시록의 진상〉, p.208)하였고, 1999년판 〈계시〉에는 "그 우상에 든 금이 모두 600(왕상 10:16)세겔이요"(〈계시〉, p.239)라고 되어 있다. '금 신상에 든 금'이 '솔로몬의 방패에 든 금'으로 바뀐 것이다. 그렇다면 〈계시록의 진상〉과 〈계시〉는 잘못 받은 계시라는 말인가? 이만희가 받은 계시는 수정되어야 하는 엉터리 계시가 분명하다.

### 이방 헷 족속 여인 밧세바와 솔로몬 666의 허구

이만희의 666의 두 번째 해석은 밧세바와 솔로몬에 대한 내용이다. 이만희의 666 실상이라는 것을 다시 확인해보자.

"다윗은 가나안 7족과는 혼인도 하지 말고 아껴보지도 말고 쳐 죽이라(신 7:1~11)는 하나님의 금령을 무시하고 가나안 7족 중 헷 족속의 여인 '밧세바를 취하여 그에게서 난 솔로몬을 자기 후임의 왕으로 세워 치리하게 하였다(삼하 11:2, 왕상 1:29~31). 솔로몬이 외가 쪽의 헷 여인들을 사랑했고 그 여인들이 솔로몬을 미혹하여 이방신들을 좋게 하므로 예루살렘 앞에 산당을 짓고 이스라엘 모든 백성들에게 절하게 하였다(왕상 11:6~8). 이 일로 인해 이스라엘은 앗수르와 바벨론에 사로잡혀 멸망을 받게 되었고 나라도 글도 말도 없어지게 된 것이다. 본문의 666 짐승의 사건은 금 666달란트를 가진 솔로몬 때를 빙자한 것으로 장막 출신의 다윗 격인 목자가 이방의 일곱 목자(머리)중 한 목자(여자)를 취하여 솔로몬 격인 한 영적 아들을 낳고 이 아들에게 자기의 당회장 자리(왕권)를 넘겨준 사건이요 당회장이 된 솔로몬 같은 이 목자는 이방 가나안 7족과 같은 이방교단 일곱 목자(머리)를 끌어들여 선민장막에 들어오게 하였고 솔로몬이 이스라엘 백성들로 하여금 이방신에게 절하게 한 것 같이 짐승 같은 일곱 교권자들로 금 촛대 장막을 삼키고 자기들의 이름으로 성도의 이마와 오른손에 표하게 한 사건이다." (〈계시〉, p.239~240).

요약해보면 우선 밧세바가 이방 헷 족속의 여인이라는 것이다. 이방여인이 낳은 솔로몬이 666달란트를 가진 것처럼 유재열이 이방의 일곱 목자 청지기 교육원을 통하여 오평호를 당회장으로 세우고 일곱 목자 청지기 교육원을 끌어들인 것과 같다고 해석한 것이다.

이만희의 이 해석에서 가장 중요한 부분이 밧세바가 이방 헷 족속의 여인이라는 것이다. 이만희의 이 해석은 성경을 잘못 보고 실수한 부분이다. 국문 해득이 안 되는 이만희의 엉터리 해석이다. 밧세바는 이방 여인이 아니기 때문이다. 이만희가 밧세바를 헷 족속의 여인으로 오해를 한 것은 사무엘하 11장 2절을 잘못 해석했기 때문이다. "다윗이 보내어 그 여인을 알아보게 하였더니 고하되 그는 엘리암의 딸이요 헷 사람 우리아의 아내 밧세바가 아니니이까." 이 구절을 국문 해득이 안 되는 이만희가 잘못 본 것이다. 헷 족속은 밧세바가 아니라 그의 남편 우리아였다. 우리아는 헷 족속이었으나 이스라엘로 귀화하여 이스라엘의 장수가 된 것이다.

밧세바는 정통 유대인이며 다윗의 모사 아히도벨의 손녀이다. "길로 사람 아히도벨의 아들 엘리암과."(삼하 23:34). 밧세바의 아버지는 엘리암이며, 할아버지는 아히도벨이다. 아히도벨은 '길로' 사람이라고 하였다. 밧세바는 헷 족속이 아니라 '길로'사람이다. 길로는 어디인가? 유대인이 사는 성 중에 하나이다(엄도성, 〈성경낱말사전〉, 도서출판 첨탑, p.106). 밧세바는 정통 유대인이었다. 이만희는 밧세바를 이방인 헷 족속으로 오해하여 교리를 잘못 만들었다. 필자가 이러한 이만희의 오류를 지적하자 이만희도 잘못된 것을 알게 된 것 같다. 그래서 2005년도 판 〈요한계시록의 실상〉이라는 책에는 이 부분을 수정하였다.

"솔로몬은, 다윗이 가나안 7족과는 혼인도 하지 말고 아껴보지도 말고 쳐 죽이라는 하나님의 금령(신 7:1~11)을 무시하고 가나안 7족 중 헷 사람의 아내인 밧세바를 취하여 낳은 아들이다."(〈요한계시록의 실상〉, 2005년, p.290).

1999년판 〈계시〉를 쓰기까지는 '헷 족속의 여인 밧세바'라고 하다가 2005년판 〈요한계시록의 실상〉부터는 '헷 사람의 아내인 밧세바'라고 수정한 것이다. 그런데 이 책에서 이만희는 또 실수를 해버린다.

"다윗의 뒤를 이어 이스라엘 왕이 된 솔로몬은 외가 쪽 헷 여인과 많은 이방 여인을 사랑하였고."(〈요한계시록의 실상〉, 2005년, p.291).

솔로몬 어머니 밧세바의 전 남편의 고향이 솔로몬의 외가 쪽이 아니다. 솔로몬의 외가는 유다지파이다. 이만희는 또 실수를 해버린 것이다. 이만희가 밧세바를 '헷 족속의 여인'이라고 했던 부분을 수정했다는 것은 자신의 잘못을 인정하고 있다는 것이다. 이만희의 계시는 필자에 의하여 많이 흔들리고 있다. 이만희의 솔로몬 666 실상은 허구이며 오류이다.

# 제 14장 열 처녀 비유 실상의 허구

신천지 집단은 비유 풀이를 통하여 성도들을 미혹하고 있다. 이들은 비유와 실상이라고 하여 비유도 실상으로 풀어야 한다고 주장한다. 이들의 비유 풀이와 실상은 잘못된 성경해석 방법이며 조작된 허구이다. 신천지 집단에서 가장 중요하게 가르치고 있는 비유는 열 처녀의 비유이다. 열 처녀의 비유가 실상으로 나타난 것이 바로 신천지 집단이라고 가르치는 것이다. 이 장에서는 신천지 집단 이만희의 열 처녀 비유의 잘못된 비유 풀이와 실상의 허구를 밝힌다.

## 1. 이만희의 열 처녀 비유 해석과 실상

### 1) 신천지의 비유 풀이 방법

**단어 중심의 비유 풀이이다.**

신천지는 단어 중심의 비유 풀이를 한다. 문장의 단어 하나하나에 답을 줘서 해석하는 방법이다. "씨는 말씀, 밭은 마음, 새는 영이다." 이런 식으로 풀이 하는 것이 신천지 비유 풀이이다. 비유는 이런 식으로 풀이 하는 것이 아니다. 신천지는 잘못된 방법으로 비유 풀이를 하는 것이다. 예를 든다면 "얌전한 고양이가 부뚜막에 먼저 올라간다"라는 비유가 있다.

신천지 집단의 방법으로 풀이를 한다면 고양이는 뭐냐? 부뚜막은 뭐냐? 이렇게 해석해야 한다. 그러나 신천지 집단의 방법으로는 해석될 수가 없다. 이 비유에서는 '부뚜막'을 풀이할 수가 없다. 이러한 비유는 적용되는 내용에 따라서 해석된다. 어떤 처녀가 연애를 해서 임신을 한 것이 밝혀졌다. 이때 사람들은 "얌전한 고양이가 부뚜막에 먼저 올라간다더니!"라고 말을 한다. 이때 '부뚜막'은 연애하는 것이 될 것이다. 평소 청렴 결백을 강조하던 어떤 공무원이 몰래 뇌물을 받은 것이 들통이 나서 처벌을 받게 될 때 사람들이 "얌전한 고양이가 부뚜막에 먼저 올라간다더니!"라고 할 것이다. 이때 부뚜막은 뇌물 받는 것이 될 것이다. 즉 비유의 해석은 단어가 중요한 것이 아니라 내용이 중요하다는 것이다. 그러나 신천지의 비유 풀이는 내용에 상관없이 단어에 대한 비유 풀이를 한다. 그리고 단어 풀이를 외운다. '씨는 말씀' 이런 식으로 외우는 비유 풀이는 잘못된 것이다. 씨가 말씀이 아니다. '씨'가 비유에 사용될 때는 내용에 따라서 말씀이 될 수도 있고 죄가 될 수도 있고 복이 될 수도 있다. 이렇게 단어 중심으로 풀이하는 신천지의 비유 풀이는 잘못되었다.

비유 풀이에서 알아야 할 또 한 가지는 모든 비유는 무엇을 밝혀주는 목적이 있다. 왜 이 비유를 말하는가에 대하여 아는 것이 비유 풀이이다. 비유의 목적은 말하지 않고 단어 해석만을 하는 신천지식의 비유 풀이는 맞지 않다. 성경에 나와있는 비유도 마찬가지이다. 성경의 비유를 읽어보면 대부분 그 시작이나 끝에 비유의 목적이 나온다. 이 목적에 따라서 해석해야 한다. 성경의 비유를 확인해보자.

"예수께서 그들에게 항상 기도하고 낙심하지 말아야 할 것을 비유로 말씀하여 이르시되 어떤 도시에 하나님을 두려워하지 않고 사람을 무시하는 한 재판장이 있는데 그 도시에 한 과부가 있어 자주 그에게 가서 내 원수에 대한 나의 원한을 풀어 주소서 하되 그가 얼마 동안 듣지 아니하다가 후에 속으로 생각하되 내가 하나님을 두려워하지 않고 사람을 무시하나 이 과부가 나를 번거롭게 하니 내가 그 원한을 풀어 주리라 그렇지 않으면 늘 와서 나를 괴롭게 하리라 하였느니라 주께서 또 이르시되 불의한 재판장이 말한 것을 들으라 하물며 하나님께서 그 밤낮 부르짖는 택하신 자들의 원한을 풀어 주지 아니하시겠느냐 그들에게 오래 참으시겠느냐 내가 너희에게 이르노니 속히 그 원한을 풀어 주시리라 그러나 인자가 올 때에 세상에서 믿음을 보겠느냐 하시니라."(눅 18:1~8).

예수님께서 이 비유를 말씀하실 때 그 목적을 먼저 말씀하셨다.

"항상 기도하고 낙심하지 말아야 할 것을 비유로 말씀하여 이르시되."

이 비유는 '항상 기도하고 낙망치 말아야 할 것'을 알려 주시기 위해서 주신 말씀이다. 신천지 집단의 방법으로 한다면 도시가 뭐냐? 과부가 뭐냐? 재판관이 뭐냐? 단어 하나하나를 해석해야 할 것이다. 이 비유를 통하여 항상 기도하고 낙망치 말아야 할 것을 깨닫는 것이 바른 해석이다. 마 20장의 포도원 품꾼의 비유도 마찬가지이다. 이 비유의 목적은 16절에 있다. "이와 같이 나중 된 자로서 먼저 되고 먼저 된 자로서 나중 되리라." 이 내용을 알게 하시려고 이 비유를 말씀하신 것이다. 이로 보아 단어를 중심으로 해석하는 신천지 집단의 비유 풀이는 맞지 않다.

**비유와 예언은 해석 방법이 달라야 한다.**

신천지 비유 풀이 방법은 예언이나 비유를 똑같이 단어 중심으로 해석한다. 이는 잘못된 성경해석이다. 예언은 성취되는 것이고 비유는 적용되는 것이다. 예언은 한 사건에 해당된다. 예언을 여러 사건에 적용할 수 없다. 그러나 비유는 여러 경우에 다 적용할 수 있다. 예를 들어서 어떤 여자에게 '당신은 아들을 낳을 것이다'라고 예언을 했다면 그 예언은 한 사람에게만 해당되는 것이다. 아무나 그 예언을 듣고 '나는 아들 낳는다.'라고 생각한다면 정신병자 취급을 받을 것이다. 그러나 비유는 다 적용된다. "똥 묻은 개가 겨 묻은 개 나무란다." 이 비유의 경우 같은 내용에 해당되는 사람은 누구에게나 적용될 수 있는 것이다. 그러나 신천지 이만희는 비유와 예언을 같은 방법으로 해석하고 있다. '열 처녀의 비유'가 예언이라면 실상으로 이루어졌다고 할 수 있을 것이다. 그러나 비유라면 모든 사람에게 적용하여 해석해야 한다.

## 2) 신천지는 단어 중심으로 해석한다.

### 신천지의 단어 중심 해석이다.

신천지는 열 처녀 비유를 단어 중심으로 해석한다. 신천지의 열 처녀 비유 해석을 확인해보자.

"본문의 천국은 선민을 말하며(마 13:24), 신랑은 예수님을(막 2:18~20), 열 처녀는 성도를 말한다(마 22:1~14). 그릇은 마음을 말하며(행 9:15), 등은 성경책을 말하고(시 119:105), 기름은 성령의 말씀이다(슥 4:). 기름 파는 자는 주를 모시고 섰는 두 증인이요(슥 4:12~14. 레 24:1~3) 밤은 음부의 때다(마 24:29)."(〈성도와 천국〉, 1995년, p.185).

이는 하나하나에 답을 주는 방법으로 해석하고 있는 내용이다.

### 예언으로 해석한다.

신천지 이만희는 열 처녀의 비유를 예언으로 해석한다. 열 처녀의 비유의 혼인집을 신천지 집단이라고 해석하고 이만희를 신부, 기름 파는 자는 두 증인이라고 해석한다. 그래서 이만희는 다음과 같이 말하였다.

"예루살렘이 이방에게 함락되어 해달별(이스라엘)이 어두워지고 떨어져 신앙의 빛이 없는 밤이 되었을 때(마 24:) 예수님은 그 곳에 오시게 된다. 이때에 때를 따라 양식을 나눠주는 자가 있으니 이가 주를 모시고 선 자요 두 증인이며 두 감람나무요 성령의 기름을 파는 자이다."(위의 책, p.185).

이 비유에서 '밤'에 대한 해석이 중요하다. 혼인 잔치가 밤에 이루어지고 밤중에 신랑이 오는 내용이기 때문이다. 이만희는 이 비유에서 밤은 첫 장막이 무너지는 때라고 하였다. 밤이 지나서 신천지 집단이 세워진다는 것이다. 신천지 해석대로 하면 이만희를 '해'라고 하며 이만희가 와서 신천지를 만든 때가 낮이라고 한다. 본문의 열 처녀의 비유에서 혼인집은 신천지이며 기름이 신천지의 실상의 말씀이라고 한다. 신천지의 실상을 가르쳐주는 기름 파는 집은 신천지 신학원이라고 하고 기름을 파는 자는 두 증인인 이만희라고 해석하는 것이다.


## 2. 이만희의 열 처녀 비유 해석과 실상의 허구

**밤에 대한 해석이 잘못되었다.**

이 비유는 밤에 이루어지는 혼인 잔치에 대한 것이다. 혼인 잔치가 밤에 이루어지기 때문에 기름을 준비해야 하는 것이다. 신천지 이만희는 첫 장막이 무너질 때를 밤이라고 하였다. 그렇다면 신천지의 실상의 말씀이라고 하는 기름은 첫 장막이 무너지기 전에(1980년 9월 전에) 전해졌어야 한다. 그래야 신도들이 기름을 준비해서 밤을 지나게 되는 것이다. 그러면 이만희는 언제부터 실상의 말씀인 기름을 팔기 시작했는가? 이만희가 말하는 실상대로 한다면 일곱째 나팔을 불기 시작한 1984년 3월 14일부터 실상의 말씀인 기름을 팔았던 것이다.

　1980년 9월 이전에 이만희는 실상의 말씀을 전한 적이 없다. 신천지가 말하는 밤은 첫 장막이 무너지는 때, 멸망의 기간인 1980년 9월부터 1984년 3월까지 마흔두 달 동안이다. 이만희가 전하는 실상의 말씀이 기름이며 밤(1980.9~1984.3)이 되기 전에 준비해야 하는 것이라면 이만희의 실상은 맞지 않다. 이만희는 밤(1980.9~1984.3)이 되기 전에 실상의 말씀을 전한 적이 없기 때문이다. 이만희의 밤에 대한 실상의 또 하나의 허구는 다시 밤이 오지 않는다는 것이다. 신천지 실상에 의하면 첫 장막이 무너지는(해 달 별이 떨어지는) 밤이 지나고 신천지가 세워짐으로 낮이 된 것이다. 약속의 목자라고 하는 이만희를 해라고 한다. 이만희가 신천지를 세운 일이 낮인 것이다. 그러면 또다시 해달별이 떨어지는 밤이 오는가? 신천지 실상 교리는 다시 밤이 오지 않는다는 것이다. 밤은 1980년 9월부터 1984년 3월까지 지나갔다고 한다. '해'라고 하는 이만희는 떨어지지 않고 영생한다는 것이다. 다시 밤이 오지 않는다면 기름 준비가 필요 없다. 등불은 밤에만 필요한 것이다. 1984년 이후에 기름인 실상의 말씀은 전할 필요가 없다는 것이다. 지금의 신천지 신도들은 실상의 말씀이 필요 없다. 다시 밤이 오지 않으니까 말이다.

**기름 파는 자가 이만희라는 실상이 맞지 않다.**

　이 비유에서 기름 파는 자가 나온다. 기름이 없는 미련한 다섯 처녀가 기름을 사러 갔다고 하였다. 이만희는 기름 파는 자가 바로 이만희 자신이라고 주장하는 것이다. 이만희가 자신을 '기름 파는 자'라고 하는 것은 자신을 두 증인이라고 하는 것이 그 근거이다. 이만희는 스가랴 4장에 등 좌우에 두 감람나무가 기름을 제공하고 있는 환상을 본 내용을 적용하고 있다. 등에 기름을 제공하는 두 감람나무는 두 증인(계 11장)이라고 했으니 이만희 자신이 두 증인이니까 자신이 바로 기름 파는 자라는 것이다. 이러한 이만희의 해석이 허구임을 두 가지로 밝힌다.

**첫째, 등과 기름이 스가랴 4장의 것과 다르다.**

성경에 등은 두 가지가 있다. 성막에 있는 등대와 밤에 들고 다니는 길 비추는 등이다. 이 두 가지의 등은 전혀 다르다. 성막의 등은 순금으로 되어 있고 불을 켜는 등잔이 일곱 개로 되어 있다. 성막 안에서 매연이 없어야 하기 때문에 순결하게 걸러진 감람유를 사용한다. 그러나 길 비추는 등은 금으로 만들지 않으며 감람유를 쓰지 않고 석유를 쓴다. 열 처녀의 비유에 나오는 등은 길 비추는 등이다. 감람유로 불을 켜지 않으며 순금으로 만들어진 것이 아니다. 스가랴 4장에 나오는 등은 성막에 있는 순금 등대이다.

"그가 내게 묻되 네가 무엇을 보느냐 내가 대답하되 내가 보니 순금 등잔대가 있는데 그 위에는 기름 그릇이 있고 또 그 기름 그릇 위에 일곱 등잔이 있으며 그 기름 그릇 위에 있는 등잔을 위해서 일곱 관이 있고 그 등잔대 곁에 두 감람나무가 있는데 하나는 그 기름 그릇 오른쪽에 있고 하나는 그 왼쪽에 있나이다 하고."(슥 4:2~3).

본문에 나오는 이 등은 열 처녀가 가진 등과는 다르다. 계시록에 있는 등도 성막 안의 등을 말하고 있다. 열 처녀가 가진 등을 스가랴 4장의 순금 등대로 적용해서 기름 파는 자를 두 증인으로 이만희로 해석하는 것은 잘못된 것이다.

**둘째, 이만희를 기름 파는 자로 해석하면 맞지 않다.**

이만희는 본문의 비유에서 신랑을 예수님이라고 한다. 그러면 신부는 누구인가? 이만희는 신부를 이만희 자신이라고 해석한다.

"여기서 성령은 신랑 되신 예수님을(고후 11:2) 말하며 신부는 예수님의 계시로 말씀의 씨를(눅 8:11 계 1장 계 10장) 받은 사도 요한을 가리킨다. 그러나 계시록 성취 때에는 새 요한이 본문의 신부가 된다. 이 약속한 목자를 계시록 19장 7절에서는 어린양의 아내라 소개하고 있다. 마치 초림 때 신랑 되신 하나님께서 예수님에게 장가들어 하나가 되어 역사하신 것(호 2:19, 요 10:3)처럼, 재림 예수님도 계시록에 약속한 목자에게 장가들어 하나가 되어 역사한다."(〈요한계시록의 실상〉, 2017년, p.466).

신부가 이만희라면 이만희는 이 비유에서 일인 이역을 한다는 것이다. 열 처녀 비유에서 이만희는 신부 하다가 기름 팔다가 이렇듯 왔다 갔다 하는가? 이만희의 기름 파는 자 실상은 허구이다.

**셋째, 그릇이 마음이라는 해석이 맞지 않다.**

열 처녀 비유에서 슬기로운 다섯 처녀는 그릇에 기름을 가져갔고 미련한 다섯 처녀는 기름을 준비하지 않았다. 이 내용에서 이만희는 '그릇'에 대하여 '마음'이라고 해석하였다.

"그릇은 마음을 말하며(행 9:15)"(〈성도와 천국〉, 1995년, p.185).

신천지 신도들은 이만희의 이러한 해석대로 '그릇 = 마음'이라고 알고 있다. 이만희는 사도행전 9장 15절에 "주께서 가라사대 가라 이 사람은 내 이름을 이방인과 임금들과 이스라엘 자손들 앞에 전하기 위하여 택한 나의 그릇이라"고 한 것을 근거로 주장한다.

사도 바울을 이방인을 위하여 택한 그릇이라고 했다. 그러나 마음은 그릇이라는 뜻이 아니다. 열 처녀의 비유에서도 '그릇'을 마음이라고 하는 해석은 잘못된 것이다. 슬기로운 다섯 처녀는 등외에 따로 그릇에 기름을 담아 갔다.

"미련한 자들은 등을 가지되 기름을 가지지 아니하고 슬기 있는 자들은 그릇에 기름을 담아 등과 함께 가져갔더니."(마 25:3~4).

그러나 미련한 다섯 처녀는 기름을 준비하지 않았다. 즉 기름을 담은 '그릇'을 가지고 가지 않았다는 것이다. 기름 그릇을 가지지 않은 미련한 다섯 처녀는 마음을 빼놓고 갔다는 말인가? 마음을 빼놓고 갈 수도 있는가? 이만희의 이러한 해석은 엉터리이다.

**넷째, 졸며 자는 것에 대한 해석이 잘못되었다.**

본문에 졸며 자는 것에 대한 내용이 나온다. 이만희는 졸며 자는 것은 말씀이 없는 것이라고 말한다.

"하나님의 말씀은 빛이므로(요 1:1~5), 하나님의 말씀을 가진 사람도 빛이 되고 낮이 되며(요 8:12, 9:4~5, 12:46), 또 깨어 있는 자가 된다(살전 5:1~8). 반면 하나님의 말씀이 없는 사람은 밤이요 어둠이며 잠자는 자라고 할 수 있다."(〈요한계시록의 실상〉, 2011년, p.329).

즉 깨어 있는 자는 말씀이 있는 자이며, 잠을 자거나 조는 자는 말씀을 가지지 못한 자라는 것이다. 열 처녀의 비유에서 기름을 말씀이라고 해석하는 이만희의 해석대로 한다면 기름을 가진 슬기로운 다섯 처녀는 깨어 있는 성도를 말하고 말씀이 없는 미련한 다섯 처녀는 졸며 자는 자라는 말이 된다. 그러면 기름(말씀)을 준비한 슬기로운 다섯 처녀는 깨어 있었고 기름(말씀)이 없는 미련한 다섯 처녀만 졸며 잤어야 한다. 그러나 성경에는 "신랑이 더디 오므로 다 졸며 잘 새"(마 25:5)라고 기록되었다. 열 처녀가 다 졸며 잤다고 하였다. 이만희의 해석대로라면 열 처녀가 다 기름(말씀)이 없었다는 말이다. 이만희의 실상과는 맞지 않다. 이만희의 졸며 자는 것의 비유 풀이 실상 교리는 엉터리이다.

**다섯째, 기름이 말씀이라는 해석이 잘못되었다.**

이만희는 본문의 기름은 말씀이라고 해석하였다.

"기름은 성령의 말씀이다(슥 4:)."(〈성도와 천국〉, p.185).

성령의 말씀이란 이만희가 전하는 계시록의 실상 교리를 말하는 것이다. 이만희는 또한 이렇게 말한다.

"이 천국 비유에서 등과 기름의 실상은 무엇이며, 기름 파는 자의 실체는 누구인가? 하나님께서는 육적 이스라엘 자손에게 감람을 찧어낸 순결한 기름으로 저녁부터 아침까지 등불을 끊이지 말라고 하시며, 이것을 대대로 지킬 영원한 규례로 삼아 행하라고 하셨다(레 24:1~3). 이 말씀을 예수님을 기다리는 열 처녀의 비유에 비춰 본다면, 앞에서 본 바와 같이 등은 어두운 심령을 밝히는 성경이요, 등을 켜는 기름은 감람유 즉 두 증인이 증거 하는 말이다. 감람기름을 파는 자는 감람기름을 가진 사람이므로, 두 증인이 곧 기름을 파는 자가 된다. 그리고 등과 기름을 가진 처녀는 두 증인에게 계시록 사건을 증거 받고 말씀을 지킨 성도를 말하며, 등만 있고 기름이 없는 처녀는 성경은 있으나 성취된 계시 증거를 두 증인에게서 받지 못한 사람을 가리킨다."(〈요한계시록의 실상〉, 2011년판, p.203~204).

이만희의 주장은 두 증인인 이만희에게 받은 말씀이 바로 열 처녀가 준비한 기름이라는 것이다. 즉 이만희의 교리인 신천지 집단의 실상교리가 기름이라는 것이다. "기름=말씀"이라는 이만희 해석인 실상은 맞지 않다. 왜 본문의 '기름'을 말씀이라고 해석할 수 없는가? 다음 세 가지로 반증해본다.

첫째, 기름을 나눠 줄 수 없다는 것이다.

본문에 보면 기름이 부족한 미련한 다섯 처녀가 기름이 있는 슬기로운 다섯 처녀에게 기름을 나눠 줄 것을 요청하였다. 기름이 있는 다섯 처녀는 나눠 줄 수 없다고 하였다.

"미련한 자들이 슬기 있는 자들에게 이르되 우리 등불이 꺼져가니 너희 기름을 좀 나눠 달라 하거늘 슬기 있는 자들이 대답하여 이르되 우리와 너희가 쓰기에 다 부족할까 하노니 차라리 파는 자들에게 가서 너희 쓸 것을 사라 하니."(마 25:8~9).

기름을 말씀이라고 한다면 말씀을 많이 아는 사람들에게 알지 못하는 사람이 알려 달라고 부탁하는 것으로 볼 수 있다. 말씀을 알려주면 서로 쓰기에 부족해지는가? 신천지의 실상의 말씀을 아는 사람이 잘 알지 못하는 사람이 가르쳐 달라고 요청하면 "우리와 너희의 쓰기에 다 부족할까 하여" 절대로 알려주지 않는가? 오히려 신천지 신도들은 신천지 집단의 교리를 잘 알지 못하는 사람을 보면 알려주려고 애를 쓴다. 이로 보아 기름을 말씀이라고 해석하는 것은 맞지 않다.

둘째, 기름이 없어져 간다는 것이다.

열 처녀의 비유를 보면 등에 기름이 있었지만 불을 켜고 있으니까 기름이 점점 닳아 없어져 가게 된다. 그래서 기름을 나눠 줄 수도 없다고 하는 것이다. 만일 나눠 준다면 "우리와 너희가 쓰기에 다 부족할까 하노니"라고 하였다. 기름이 말씀이라면 말씀을 전하면 말씀이 점점 닳아 없어져 간다는 말이다. 미련한 다섯 처녀도 등에 기름이 있었다. 그러나 기름 그릇을 따로 준비하지 못해서 등에 있는 기름이 떨어져 갔다는 것이다.

"미련한 자들이 슬기 있는 자들에게 이르되 우리 등불이 꺼져가니."(마25:8).

말씀은 전한다고 하여 떨어져기는 것이 아니다. 말씀은 전할수록 너 충만해져간다. 한번 받은 말씀이 전한다고 하여 없어지는 것이 아니다. 오히려 말씀을 전하지 않고 있으면 소멸되는 것이 말씀의 특징이다. 이로 보아 기름을 말씀이라고 하는 이만희의 실상 교리는 엉터리이다.

셋째, 기름이 없어서 못 들어간 것이 아니다.

미련한 다섯 처녀들이 기름이 없어서 못 들어간 것이 아니다. 미련한 다섯 처녀들도 기름을 파는 자들에게 사가지고 왔다. 그러나 문이 닫혀서 못 들어갔다고 하였다. 이만희의 실상 대로라면 기름 파는 자는 이만희이다. 미련한 다섯 처녀들은 이만희에게 가서 기름을 사가지고('실상의 말씀'을 다 배우고) 왔다. 그러나 문이 닫혀서 들어가지 못한 것이다.

"그들이 사러 간 사이에 신랑이 오므로 준비하였던 자들은 함께 혼인 잔치에 들어가고 문은 닫힌지라 그 후에 남은 처녀들이 와서 이르되 주여 주여 우리에게 열어 주소서 대답하여 이르되 진실로 너희에게 이르노니 내가 너희를 알지 못하노라 하였느니라."(마 25:10~12).

기름이 신천지 실상 교리라면 천국인 신천지의 문이 닫혔는데도 기름 파는 자인 이만희는 계속 실상 교리를 전한다는 말이 된다. 그렇다면 기름 파는 자 이만희는 사기꾼이라는 말이다. 문이 닫혀서 못 들어갈 것을 알면서 신천지 교리를 가르쳤기 때문이다. 기름이 말씀이라는 이만희의 실상 교리는 엉터리이다.

**여섯째, 신천지 집단이 혼인집이라고 하는 것이 맞지 않다.**

열 처녀의 비유는 혼인 잔치의 비유다. 그런데 신천지는 이 혼인집이 신천지 집단이라고 한다.

"어린양의 혼인 잔치는 하나님과 예수님께서 임하신 증거장막 성전에서(계 15:5) 하나님의 소와 살진 짐승을 잡아놓은 후에 베풀어진다."(〈천지창조〉, 2007년, p.250). 신천지 집단이 혼인집이라고 하면서 구원받으려면 혼인집으로 와야 한다고 한다.

"우리 신천지는 소와 짐승을 잡아놓고 베풀어진 어린양의 혼인 잔치에 손님을 청하고 있다. 기록된 약속의 말씀을 믿는 성도는 참석할 것이라 믿는다."(위의 책, p.250).

혼인집이 신천지라면 신천지 집단이 시작된 1984년 3월 14일에 혼인집이 시작되었다는 말이다. 그러면 이 혼인집에는 어떤 사람들이 참석하게 되는가? 열 처녀의 비유에서 말하는 등과 기름 즉 신천지의 실상의 교리를 준비한 사람들이 참석하게 된다고 한다. 이만희는 말한다.

"결혼식에는 아무나 참여할 수 있는 것이 아니다. 청함을 받은 자는 많되 택함을 입은 자는 적다고 하였다(마 22:14). 혼인 잔치에 참예할 수 있는 사람은 오직 예수님께서 말씀하신 등과 기름(마 25:1~13)과 예복(마 22:1~14)을 준비한 자들뿐이다. 그 등은 성경이요(시 119:105), 기름은 성경의 예언이 이루어진 실상을 증거하는 말씀이며, 예복은 옳은 행실이다."(위의 책, p.251).

혼인집이 시작되기 전에 기름(말씀)이 준비된 사람들이 혼인집인 신천지로 들어 갈 수 있다는 것이다. 그렇다면 기름 파는 자라는 이만희는 혼인집이 시작되기 전 즉 1984년 3월 14일 이전에 기름(실상의 말씀)을 준비할 수 있도록 말씀을 전했어야 한다. 이만희는 1984년 이전에는 '기름'이라고 하는 실상의 말씀을 전한 적이 없다. 현재 신천지 집단에 있는 신도들도 1984년 이전에 기름(말씀)을 준비해서 온 사람들은 없다. 기름과 예복을 준비한 사람이 참여할 수 있는 곳이 혼인집이라고 하면서 신천지 집단이 혼인집이라는 해석과 실상 교리는 허구이다.

## 신천지의 문은 언제 닫히는가?

열 처녀의 비유에서 혼인 잔치가 열리는 집을 신천지 집단이라고 해석하고 신랑은 예수님이며 신부는 이만희라고 하는 것이 이만희가 가르치는 실상이다.

"성령은 신랑 되신 예수님을 말하며 신부는 예수님의 계시로 말씀을 받아 전하는 대언자 사도 요한을 가리킨다."(〈천지창조〉, p.275).

이 비유에서는 혼인집의 문이 닫힐 때가 있다. 문이 닫히면 아무도 들어갈 수 없다는 것을 보여준다.

"그들이 사러 간 사이에 신랑이 오므로 준비하였던 자들은 함께 혼인 잔치에 들어가고 문은 닫힌지라 그 후에 남은 처녀들이 와서 이르되 주여 주여 우리에게 열어 주소서 대답하여 이르되 진실로 너희에게 이르노니 내가 너희를 알지 못하노라 하였느니라."(마 25:10~12).

미련한 다섯 처녀가 기름을 준비해서 왔으나 문이 닫혀서 들어 갈 수가 없었다. 그러면 혼인집이라고 하는 신천지의 문은 언제 닫히는 것일까? 문이 닫힌 후에는 말씀을 받았다 해도 들어갈 수가 없는 것이다. 혼인집의 문은 신랑이 오면 바로 닫힌다. 성경에는, "신랑이 오므로 준비하였던 자들은 함께 혼인 잔치에 들어가고 문은 닫힌지라"(마 25:10)고 하였다. 신랑은 누구인가? 이만희는 신랑이 예수님이라고 한다. 예수님의 영이 신랑이며 이만희의 육체가 신부라고 하였다. 성경의 증거대로 혼인집의 문이 닫히는 때는 신랑이신 예수님이 오시는 그때이다. 신랑이신 예수님이 이만희에게 임한 때이며, 예수님이 신천지 집단(혼인집)에 임하신 때에 혼인집(신천지 집단)의 문이 닫히는 것이다. 그러면 신랑이신 예수님은 언제 오시는가? 이만희는 열 처녀의 비유를 해석하면서 예수님이 오시는 때를 말하였다.

"예루살렘이 이방에게 함락되어 해달별(이스라엘)이 어두워지고 떨어져 신앙의 빛이 없는 밤이 되었을 때(마 24:) 예수님은 그곳에 오시게 된다."(〈성도와 천국〉, 1995년, p.185).

이 내용은 첫 장막이 멸망을 받아 밤이 되었을 때를 말한다. 해달별이 어두워지고 떨어지는 것은 첫 장막의 멸망이라고 하는 것이다. 이만희는 또 다음과 같이 말하고 있다.

"창세기 37장에 의하면 해 달 별은 이스라엘(야곱) 가족 곧 선민을 상징하고 그들이 거하는 하늘은 선민의 장막을 뜻한다. 빛의 근원인 해는 말씀의 빛을(시 119:105) 발하는 목자(영적 아버지)를 말하고, 해의 빛을 반사하여 빛을 발하는 달은 목자에게 말씀을 받아 전하는 전도자(영적 어머니)를 가리키며, 별은 성도(영적 자녀)를 의미한다. 그 중에서도 본문의 해ㆍ달ㆍ별은 계시록 성취 때 하늘이라 칭하는 하나님의 일곱 금 촛대 장막의(계 13:6) 목자와 전도자와 성도들을 가리킨다."(〈요한계시록의 실상〉, 2017년, p.123). 이만희는 해, 달, 별이 첫 장막의 목자, 전도자, 성도라고 하였다. 그러면 해, 달, 별이 떨어져 어두운 밤이 되는 것은 언제인가? 이만희는 밤이 되는 것이 무엇인지 설명하였다.

"본문의 해가 총담 즉 검은 천과 같이 검어진다는 말은 장막 목자의 심령이 밤같이 어두워져 빛과 같은 하나님의 말씀이 더 이상 나오지 않는다는 뜻이요 달이 피같이 된다는 것은 전도자의 사명이 죽어 말씀의 빛을 발하지 못한다는 의미이다. 그리고 별들이 무화과나무가 대풍에 흔들려 선 과실이 떨어지듯이 땅에 떨어진다는 말은, 배도한 선민의 대부분이 한꺼번에 하나님의 소속에서 육체뿐인 이방 소속이 된다는 뜻이다."(위의 책, p.123).

첫 장막이 침노를 받아 멸망하는 때가 밤이라는 것이다. 1980년 9월부터 밤이 된 것이다. 그렇다면 신랑이신 예수님이 오시는 때는 1980년

9월부터 1984년 3월 멸망의 기간에 오신다는 말이 된다. 1984년 신천지가 세워졌을 때는 이미 신랑이신 예수님이 오신 후이다. 그래서 이만희는 이렇게 말한다.

"어린양의 혼인 잔치는 하나님과 예수님께서 임하신 증거장막 성전에서(계 15:5) 하나님의 소와 살진 짐승을 잡아놓은 후에 베풀어진다."(〈천지창조〉, 도서출판, p.250). 신천지 집단인 증거장막 성전을 말할 때 "예수님이 임하신 증거장막 성전"이라고 하는 것이다. 신천지가 시작된 1984년에 이미 신랑이신 예수님이 오셨다면 그때 이미 혼인집의 문은 닫혔다는 말이 된다. 열 처녀의 비유에서 혼인집이 신천지라면 1984년에 신천지의 문은 닫혔어야 한다. 신천지 신도들은 한 사람도 혼인집에 들어갈 수가 없어야 한다. 혼인집의 문이 닫혔기 때문이다. 열 처녀 비유에 대한 신천지 이만희의 비유 해석과 실상은 허구가 분명하다.

### 3. 열 처녀 비유의 바른 해석

신천지 집단 이만희의 열 처녀의 비유와 실상이 허구라는 것을 밝혔다. 신천지 신도들은 "그렇다면 열 처녀 비유의 바른 해석이 무엇이냐?"고 묻는다. 특히 이 비유에 나오는 '기름'이 무엇이냐고 묻는 것이다. 이단들의 단어 중심 해석으로 한다면 '기름'이 무엇이라고 밝혀야 한다. 그러나 비유를 그러한 방법으로 풀이하는 것은 잘못된 것임을 밝혔다. '기름'은 '기름'이라고 해석해야 맞다. 그러면 열 처녀의 비유를 어떻게 해석해야 바른 해석일까?

## 1) 열 처녀 비유의 해석 방법

### 비유를 비유로 해석한다.

본문의 열 처녀의 비유는 예언이 아니다. 장차 있을 어떤 사건에 대한 예언이 아니라는 것이다. 신천지 이만희는 열 처녀의 비유를 예언으로 해석하였다. 이 비유에서 나오는 혼인집은 신천지 집단으로, 신부는 이만희로, 열 처녀는 신천지 성도로 해석하고 기름 파는 자를 이만희라고 해석하였다. 본문의 열 처녀의 비유는 예언이 아니라 비유이기 때문에 이 비유를 통하여 교훈을 받고 모든 사람이 이 교훈을 적용하는 것이 바른 비유 풀이라 할 수 있다. 본문에 나오는 '열 처녀'를 신천지 신도라고 해석할 수 없다. 본문의 내용이 예언이 아니기 때문이다. 그러면 본문의 '열 처녀'는 무엇인가? 혼인잔치에 들러리 서는 열 명의 처녀를 말하는 것이다. 열 처녀가 한 행위를 보고 우리에게 적용시켜 교훈을 받는 것이 열 처녀 비유의 해석이다. 예언은 성취되고 비유는 적용되는 것이라는 해석 원리를 알아야 한다.

### 내용을 중심으로 해석한다.

비유를 해석할 때 단어를 중심으로 해석하는 것은 잘못된 것이다. 전체 내용을 파악해서 그 내용이 주는 교훈을 발견하는 것이 비유 풀이가 되어야 한다. '기름'이 무엇이냐가 아니라 이 내용에서 말하고자 하는 주제가 무엇인가를 알아야 하고 해석해야 한다. 성경의 비유를 이해하려면 예수님께서 이 비유를 말씀하실 때 어떤 주제를 말씀하시고자 했는가를 알아야 한다. 비유의 주제와 내용은 알지 못하면서 단어의 답만을 찾는 신천지 집단의 비유 풀이는 맞지 않다. 예수님께서 무엇을 깨닫게 하시려고 열 처녀의 비유를 말씀하셨는지를 알게 하는 것이 바른 해석이라고 할 수 있다.

## 2) 열 처녀 비유의 바른 해석

**준비성이다.**

예수님께서는 이 비유를 말씀하시기 전에 "이러므로 너희도 준비하고 있으라 생각하지 않은 때에 인자가 오리라"(마 24:44)고 말씀하셨다. 예수님은 준비하고 있으라고 하셨다. 왜 준비하는 것이 중요한가를 알게 하시기 위해서 열 처녀의 비유를 말씀하신 것이다. 그래서 이 비유의 주제는 준비성을 말하고 있다. 슬기로운 다섯 처녀는 기름을 준비하고 있었다. 등을 가졌을 뿐 아니라 그릇(기름 병)을 따로 준비했다. 그러나 미련한 다섯 처녀는 등이 있었으나 기름을 준비하지 않았다. 예상치 않게 신랑이 늦게 오자 기름을 준비한 슬기로운 다섯 처녀만 신랑을 맞이하게 된 것이다. 이 비유의 주제는 '기름'이 아니라 '준비성'이다. 슬기로운 다섯 처녀처럼 준비해야 한다는 것이다. 그렇다면 무엇을 준비해야 하는가? 열 처녀가 준비한 것은 등에 불을 켜기 위한 '기름'이었다. 대학입시를 앞둔 학생이 준비해야 할 것은 '공부'일 것이다. 설교를 해야 할 목사가 준비해야 할 것은 '말씀'이고, 사업을 하는 사업가는 '자금'을 준비해야 할 것이다. 천국에 갈 성도는 이 세상에 살 동안 천국의 '상'을 준비해야 한다. 열 처녀의 비유를 통하여 슬기로운 다섯 처녀처럼 준비성 있는 사람이 되어야 한다는 교훈을 받는 것이 이 비유의 바른 해석이다.

**깨어 있어야 한다.**

예수님께서는 열 처녀의 비유를 말씀하시고 결론으로 말씀하시기를 "그런즉 깨어 있으라 너희는 그 날과 그 때를 알지 못하느니라"(마 25:13)라고 하셨다. 열 처녀의 비유를 통하여 깨어 있어야 한다는 것을 배워야 한다는 것이다. 예수님께서 오실 날을 알지 못하기 때문이다. 항상 예수님의 재림을 맞을 사람처럼 살아야 한다는 것이다. 깨어 있다는 것은 무엇인가? 성경은 "깨어 의를 행하고 죄를 짓지 말라 하나님을 알지 못하는 자가 있기로 내가 너희를 부끄럽게 하기 위하여 말하노라"(고전 15:34)라고 한다. 죄 가운데서 벗어나 의를 행하는 것이 깨어 있는 것이라고 하였다. 말세를 당한 성도들은 더욱 깨어 있는 삶이 있어야 한다. 사도 바울은 말하기를 "또한 너희가 이 시기를 알거니와 자다가 깰 때가 벌써 되었으니 이는 이제 우리의 구원이 처음 믿을 때보다 가까웠음이라 밤이 깊고 낮이 가까웠으니 그러므로 우리가 어둠의 일을 벗고 빛의 갑옷을 입자 낮에와 같이 단정히 행하고 방탕하거나 술 취하지 말며 음란하거나 호색하지 말며 다투거나 시기하지 말고 오직 주 예수 그리스도로 옷 입고 정욕을 위하여 육신의 일을 도모하지 말라"(롬 13:11~14)고 하였다. 슬기로운 다섯 처녀와 같이 깨어있는 성도가 되어야 하겠다.

### 신앙은 누구도 대신할 수 없다.

기름이 부족한 다섯 처녀는 기름을 준비한 다섯 처녀에게 기름을 빌려 달라고 하였다. 그러나 기름이 있는 다섯 처녀는 기름을 빌려주지 않았다. 미련한 다섯 처녀는 기름을 빌릴 수 없어서 들어가지 못한 것이다. 이 비유에서 신앙은 누구도 대신할 수 없다는 교훈을 배울 수가 있다. 자기의 믿음으로 자기만 구원받을 수 있는 것이다. 부모의 믿음으로 자녀가 구원받을 수 없고 자녀의 믿음으로 부모가 구원받을 수 없다. 신천지 집단에서는 자녀가 이만희를 잘 믿으면 부모나 가족들을 구원할 수 있다고 가르친다. 이는 거짓말이며 종교사기이다. 성경은 분명하게 말한다.

"비록 노아, 다니엘, 욥, 이 세 사람이 거기에 있을지라도 그들은 자기의 공의로 자기의 생명만 건지리라 나 주 여호와의 말이니라."(겔 14:14).

노아, 다니엘, 욥 같은 의인이 있다고 해도 자기 믿음으로 자기만 구원받는다. 신천지 집단에서는 노아를 구원자라고 가르친다. 이것도 거짓말이다. 노아는 구원자가 아니다. 구원자란 자기 외에 다른 사람을 구원하는 사람인데 노아는 자신밖에 구원하지 못한다고 했기 때문이다. 누구라도 자기 믿음으로 가족을 구원하지 못한다.

"비록 노아, 다니엘, 욥이 거기에 있을지라도 나의 삶을 두고 맹세하노니 그들도 자녀는 건지지 못하고 자기의 공의로 자기의 생명만 건지리라 주 여호와의 말씀이니라."(겔 14:20).

자기가 잘 믿으면 가족을 구원할 수 있다는 신천지 집단의 거짓말에 속지 말아야 한다.


### 기회는 다시 오지 않는다.

미련한 다섯 처녀가 혼인잔치에 들어가지 못한 것은 기름이 없어서가 아니었다. 기름을 사가지고 왔으나 문이 닫혔다. 문이 열리고 들어갈 때 들어가지 못한 다섯 처녀에게 다시 문이 열리지 않았다. 미련한 다섯 처녀는 기회를 놓쳐서 들어가지 못한 것이다. 우리에게도 하나님께서 기회를 주신다. 구원받을 수 있는 기회, 복 받을 수 있는 기회, 이단 집단에서 벗어날 수 있는 기회 등이다. 혹 신천지 집단에 미혹된 신도가 이

글을 읽고 있다면 신천지 집단의 실상이 허구임을 깨닫고 나올 수 있는 기회가 분명하다. 기회를 놓치면 다시 오지 않을 수도 있다. 하나님께서 주신 기회를 선용하는 것이 성도의 복이다. 열 처녀의 비유를 통하여 기회를 선용하는 교훈을 받아야 한다.

# 제 15장 이만희는 거짓 선지자이다

## 1. 계시를 시험하라

**거짓 선지자가 있다.**

성경에 보면 말세에 계시를 받았다는 자들이 많이 나올 것이라고 예언하였다.

"거짓 선지자가 많이 일어나 많은 사람을 미혹하게 하겠으며."(마 24:21).

하나님의 선지자란 계시를 받는 사람을 말한다. 하나님의 계시를 받은 사람이 말씀을 전한다면 믿고 따라야 하겠지만 하나님의 계시를 받은 선지자가 아니고 사탄의 계시를 받은 거짓 선지자라면 절대로 따르면 안 되는 것이다. 주님께서도 거짓 선지자를 조심하라고 하셨다.

"거짓 선지자들을 삼가라 양의 옷을 입고 너희에게 나아오나 속에는 노략질하는 이리라."(마 7:15). 거짓 선지자들은 양의 옷을 입고 오기 때문에 분별하기 어렵다고 하였다. 거짓 선지자들은 자신이 하나님의 참 선지자라고 가장한다고 하였다. 사도 바울도 다음과 같이 증거하고 있다.

"저런 사람들은 거짓 사도요 궤휼의 역꾼이니 자기를 그리스도의 사도로 가장하는 자들이니라. 이것이 이상한 일이 아니라 사단도 자기를 광명의 천사로 가장하나니 그러므로 사단의 일꾼들도 자기를 의의 일꾼으로 가장하는 것이 또한 큰 일이 아니라 저희의 결국은 그 행위대로 되리라."(고후 11:13~15).

거짓 선지자들은 자신이 하나님의 계시를 받았다고, 하나님의 종이라고 사람들을 속인다는 것이다. 지금은 많은 거짓 선지자들이 일어나 미혹하고 있는 시대이다.

### 거짓 선지자에게 미혹되면 멸망한다.

계시를 받았다고 하는 많은 거짓 선지자들이 있다. 이 거짓 선지자들은 진리를 가르치는 것이 아니고 멸망 받게 하는 이단 교리를 가르치는 것이다.

"그러나 민간에 또한 거짓 선지자들이 일어났었나니 이와 같이 너희 중에도 거짓 선생들이 있으리라 저희는 멸망케 할 이단을 가만히 끌어 들여 자기들을 사신 주를 부인하고 임박한 멸망을 스스로 취하는 자들이라."(벧후 2:1).

거짓 선지자들은 구속해 주신 주님을 부인하게 한다. 예수 외에 다른 구원자를 가르치는 자들이다. 이 시대에 새로운 구원자가 왔다고 속이는 것이다. 많은 사람들이 거짓 선지자들의 미혹을 받아서 예수님을 버리고 다른 구원자를 따르고 있는 것이다.

"만일 누가 가서 우리의 전파하지 아니한 다른 예수를 전파하거나 혹 너희의 받지 아니한 다른 영을 받게 하거나 혹 너희의 받지 아니한 다른 복음을 받게 할 때에는 너희가 잘 용납하는 구나."(고후 11:4).

다른 예수, 다른 복음, 다른 영을 받게 하는 자들이 거짓 선지자들이다. 거짓 선지자들로부터 이단교리를 배워서 다른 복음, 다른 구원자(예수)를 믿게 되면 저주를 받게 된다.

"그리스도의 은혜로 너희를 부르신 이를 이같이 속히 떠나 다른 복음을 따르는 것을 내가 이상하게 여기노라 다른 복음은 없나니 다만 어떤 사람들이 너희를 교란하여 그리스도의 복음을 변하게 하려 함이라 그러나 우리나 혹은 하늘로부터 온 천사라도 우리가 너희에게 전한 복음 외에 다른 복음을 전하면 저주를 받을 지어다."(갈 1:6~8).

거짓 선지자의 가르침을 받고 이단에 미혹되면 저주를 받는다. 먼저 거짓 선지자와 함께 지옥의 형벌을 받게 된다. 거짓 선지자에게 속은 자들은 진리인 줄 알았던 교리들이 멸망케 할 이단인 것을 모른다. 예수님께서 재림하실 때까지도 이단 교리를 진리인 줄 알고 있을 것이다. 예수님께서 거짓 선지자에 대하여 말씀하시면서(마 7:15) 예수님 재림 때에 이단에 빠졌던 사람들이 속고 있음을 말씀하셨다.

"그 날에 많은 사람이 나더러 이르되 주여 주여 우리가 주의 이름으로 선지자 노릇 하며 주의 이름으로 귀신을 쫓아내며 주의 이름으로 많은 권능을 행하지 아니하였나이까 하리니 그 때에 내가 그들에게 밝히 말하되 내가 너희를 도무지 알지 못하니 불법을 행하는 자들아 내게서 떠나가라 하리라."(마 7:22~23).

거짓 선지자에게 속은 자들은 주의 이름으로 선지자 노릇을 했다고 하였다. 주님은 그들에게 "내가 너희를 도무지 알지 못하니 불법을 행하는 자들아 내게서 떠나가라"고 하신다. 이 얼마나 비극적인 일인가? 이단의 특징은 거짓 선지자에게 속은 줄 모르고 자기 확신이 충만하다는 것이다. 그리스도인들이 신앙생활을 하는 중에 거짓 선지자에게 미혹되는 일이 가장 무서운 저주이며 비극이다. 이들은 지옥으로 갈 뿐 아니라 현세에서도 저주를 받는다. 가정이 파괴되고 이혼, 가출, 학교 자퇴, 재물을 바치고 종노릇 하면서도 알지 못하는 것이다.

## 영들을 시험하라

거짓 선지자들이 양의 옷을 입고 오기 때문에 거짓 선지자들을 분별해야 한다. 사도 요한은 이렇게 말한다.

"사랑하는 자들아 영을 다 믿지 말고 오직 영들이 하나님께 속하였나 시험하라 많은 거짓 선지자가 세상에 나왔음이라."(요일 4:1~2).

계시를 받았다고 하는 자들이 있다면 무조건 믿지 말고 그가 받았다는 계시가 하나님의 계시인지 시험해보라고 하였다. 이단에 미혹된 많은 사람들은 이 말씀을 순종하지 않았기 때문에 미혹된 것이다. 신천지 집단에 미혹된 많은 신도들은 이만희를 '계시 받은 자'라고 믿고 있다. 계시 받은 자라는 말은 '선지자'라는 뜻이다. 이만희는 자신을 '계시 받은 자', '책 받아먹은 자'라고 한다. 이만희의 가르치는 말을 믿기 전에 이만희가 받은 계시가 하나님의 계시인지 시험해봐야 한다. 이만희가 받았다는 계시를 시험해보면 세 가지 중에 하나일 것이다. 첫째, 이만희의 말대로 하나님의 계시를 받은 자일 수 있다. 그렇다면 이만희의 가르치는 교리를 믿어도 좋을 것이다. 둘째, 사탄의 계시일 수 있다. 하나님께서 그 선지자들에게 계시를 주시지만 사탄도 자신의 종들에게 계시를 주어 거짓 선지자 노릇을 하게 하는 것이다.

이만희가 받은 계시도 사탄이 준 것이 아닌지 살펴보아야 한다. 셋째, 이만희는 하나님이나 사탄에게 계시를 받은 적이 없는데 거짓으로 계시를 받았다고 조작한 것일 수가 있다. 이만희는 여러 이단을 전전하다가 신천지 집단을 만들었다. 박태선 전도관, 유재열 장막성전, 백만봉 재창조교회 등을 전전하면서 이단 교리들을 짜깁기하여 만든 것일 수가 있다. 그러면 어떻게 하나님의 계시인지 시험할 수가 있는가? 이만희가 받은 계시를 시험해 보려면 먼저 그가 계시 받아서 썼다는 책들이 있다.

1985년 〈신탄〉, 1985년 〈계시록의 진상〉, 1986년 〈계시록 완전 해설〉, 1988년 〈계시록의 진상2〉, 1993년 〈계시록의 실상〉, 1999년 〈계시〉, 2005년 〈요한계시록의 실상〉, 2011년 〈요한계시록의 실상〉, 2017년 〈요한계시록의 실상〉, 1995년 〈성도와 천국〉, 2007년 〈천지창조〉 등이다. 이만희의 계시를 시험해보려면 이 책들을 다 읽어보아야 한다. 계시를 받은 내용이라면 일관성이 있는지, 오류는 없는지, 거짓말은 없는지, 성경과 맞는지, 계시를 수정한 부분은 없는지 확인해봐야 알 수가 있다. 신천지 집단에 미혹된 신도들은 자신들이 스스로 확인해보지 않고 신천지 집단의 강사들이 강의하는 내용만을 듣고 믿어버리는 것이다. 내가 만나본 신천지 신도들은 이만희가 계시를 받았다고 믿는 사람들도 이만희가 계시 받아서 썼다는 책을 다 읽어보고 믿은 사람은 없었다. 강의를 듣고 믿은 다음에 책을 보는 사람들이었다. 결국 시험해 보고 믿은 사람들이 아니었다. 성경은 강력하게 말씀하신다.

"영을 다 믿지 말고 오직 영들이 하나님께 속하였나 분별하라 많은 거짓 선지자가 세상에 나왔음이라."(요일 4:1).

믿기 전에 분별하고 믿으라는 것이다. 신천지 집단의 신도들은 지금이라도 이만희가 받았다는 계시가 하나님께 속한 것인지 시험해보기 바란다. 이만희가 받은 계시가 하나님께서 주신 계시라면 참 진리를 발견한 것이고, 하나님께서 주신 계시가 아니라면 완전히 속은 것이다. 참 진리를 발견한 것이든, 완전히 속은 것이든, 둘 중에 하나이다. 중간은 없다.

## 2. 이만희가 받은 계시는 하나님의 계시가 아니다.

필자는 이만희가 받은 계시가 하나님의 계시인지 시험해보고 확인해 보았다. 이만희가 계시 받아 썼다는 모든 책들을 다 읽었다. 그냥 읽은 것이 아니라 독파하였다. 책의 내용들을 철저히 읽고 분석했다. 신천지 집단에서 강의하는 초등, 중등, 고등 과정의 강의 내용을 녹음 테이프를 통하여 다 들었다. 이만희가 과천에서 설교한 녹음 테이프도 백여 개 이상을 들었다. 이만희가 가르치는 교리 내용이 무엇인지, 실상이라는 것이 무엇인지, 확인했다. 이만희가 가르치는 배. 멸. 구, 마흔두 달, 노정, 실상 등 다 들어보고 읽어보고 확인했다. 필자가 이처럼 확인을 했던 이유는 이만희가 받은 계시가 하나님께로부터 온 것인가를 알기 위해서이다. 만일 이만희가 받은 계시가 하나님께서 주신 계시라는 확신이 섰다면 주저 없이 필자도 이만희를 이긴 자로 믿었을 것이다. 신천지 신도들은 "들어보고 말하라"는 말을 잘한다. 필자는 들어보고 읽어보았다. 필자가 확인한 결과는 이만희가 받았다는 계시는 절대로 하나님의 계시가 아니라는 것이다. 왜 이만희가 받은 계시가 하나님의 계시가 아닌가에 대한 증거들을 차근차근 하나씩 밝혀보겠다.

### 이만희는 후지자(後知者)이다.

성경에는 하나님께서 선지자들에게 계시를 주시고 선지자들이 받아 예언하는 내용들이 많이 기록되어 있다. 하나님께서는 어떤 중요한 일이 있을 때 그 일이 일어나기 전에 이루어질 일을 선지자들에게 미리 알려 주신다.

"예수 그리스도의 계시라 이는 하나님이 그에게 주사 반드시 속히 될

일을 그 종들에게 보이시려고 그 천사를 그 종 요한에게 보내어 지시하신 것이라."(계 1:1)

이것이 바로 하나님의 계시의 특징이다. 어떤 중요한 일을 미리 알게 하시는 행위가 계시이다. 그래서 계시를 받은 사람을 '선지자(先知者)'라고 한다. 어떤 일이 일어나기 전에 먼저 계시를 통해서 알고 있는 사람이라는 뜻이다. 이 선지자가 계시 받은 내용을 사람들에게 전하는 것을 '예언(豫言)'이라고 한다. 일이 이루어지기 전에 미리 말한다는 뜻이다. 그러나 사탄의 종들 거짓 선지자는 미래 일을 알지 못한다. 다만 지나간 일은 잘 알고 말한다. 그래서 점쟁이 무당들이 "지난 일을 귀신 같이 안다"는 말이 있다. 그래서 사탄의 종들을 '후지자(後知者)'라고 한다. 사탄의 종, 거짓 선지자의 특징은 지난 일을 말하고 하나님의 선지자는 미래 일을 말한다.

아이를 낳기 전에 미리 아들이라고 했는데 그 말대로 아들을 낳았다면 예언을 한 것이다. 그러나 아이를 낳은 후에 아들 낳을 줄 알고 있었다고 말한다면 후언(後言)이다. 후언은 무익한 것이다. 후언은 계시를 받지 않은 사람도 얼마든지 할 수가 있다. 그러나 예언은 계시를 받지 않은 사람이 할 수 없고 했다고 하더라도 맞지 않는 것이다. 거짓 선지자들은 예언을 하지 못하고 '후언'을 한다. 하나님의 계시를 받은 선지자는 예언을 하고 거짓 선지자는 후언을 한다. 그 계시의 내용에 이러한 특징이 있는 것이다. 그렇다면 이만희가 받은 계시는 예언일까? 후언일까? 이만희의 계시 내용은 배, 멸, 구의 역사라고 한다. 이 역사는 1980년 9월부터 1984년 3월까지 마흔두 달 동안 있었던 일을 교리로 정리한 것이다. 이만희가 예언을 했다면 1980년 9월 이전에 이 일이 시작되기 전에 전했어야 한다. 그러나 이만희는 이 일이 진행되는 동안 아무 말 않고 있다가 이 일이 다 지난 1984년 이후에 배·멸·구를 말하기 시작했다. 실상을 밝혔다는 〈계시록의 진상〉은 1985년 12월에 발간을 한 것이다. 이만희가 받았다는 계시는 95%가 후언이었다. 이만희는 선지자가 아니라 후지자이다.

신천지 집단의 신도들은 예수님도 구약의 말씀을 가지고 전하시지 않았느냐고 반문한다. 예수님은 구약의 말씀으로 하셨지만 예언을 하셨다. 십자가에 죽으실 것을 미리 말씀하셨고, 삼일 후에 부활할 것을 미리 예언하셨고, 가롯 유다의 배신을 미리 예언하셨고, 베드로가 세 번 부인할 것도 미리 말씀하셨으며, 예루살렘의 멸망도 미리 예언을 하셨다. 이만희는 어떤가? 신천지 대구 지파가 나갈 것도 예언하지 못했고 교육장 신현욱 목사가 나갈 것도 몰랐다. 심지어 늘 곁에 두고 다녔던 소위 만민의 어머니라는 김남희가 배도할 것도 몰랐다.

이만희는 지난 일을 귀신같이 짜깁기할 뿐, 미래 일을 예언하지 못했다. 많은 가짜 재림주들의 교리를 보면 다 후언을 하고 있다. 이만희가 자신이 가르치는 교리가 후언이라는 것을 변명하기 위해 만든 교리가 바로 '실상'이라는 것이다. 이만희는 이렇게 주장하고 있다. "예언은 일이 이루어질 때 믿으라고 주신 말씀이므로(요 14:29), 일을 성취하기 전까지는 예언을 알아야 하고 일을 이룬 후에는 실상을 알아야 한다. 물론 계시록을 성취하기 전에는 기록한 말씀대로 이룰 것을 믿어야 하며, 이룬 후에는 나타난 실상을 믿어야 한다."(〈요한계시록의 실상〉, 2011년, p.281).

이룬 후에 알아야 하는 것이 실상이라고 하였다. 자신이 후언하는 것을 합리화하기 위하여 만든 것이 실상이라는 것이다. 성경 어디에 어떤 선지자가 이룬 후에 계시를 받고 실상이라고 하여 후언을 한 일이 있는가? 성경에 없는 일이며 이만희의 엉터리 교리에 불과하다. 이만희가 받은 계시는 하나님의 계시가 아닌 것이 분명하다. 95%가 후언이기 때문이다.

## 수정되는 것은 하나님의 계시가 아니다.

하나님께서는 전지하시기 때문에 하나님께서 주신 계시는 결코 수정되는 일이 없다. 하나님께 계시를 받은 선지자들이 기록한 유일한 책이 성경이다. 성경의 마지막 책인 요한계시록이 기록된 후 2000년이 지났으나 한 번도 수정되지 않았다. 사람이 쓴 책은 역사와 문화가 바뀌면서 수정할 수밖에 없게 된다. 그러나 하나님의 계시는 역사가 바뀌고 과학이 발전해도 수정이 필요 없는 것이다. 계시의 내용이 수정된다면 그것은 하나님의 계시가 아니라는 증거이다.

몰몬교 신자들의 경전인 몰몬경이 있다. 몰몬경은 몰몬교 신도들이 선지자로 믿고 있는 조셉 스미스 주니어가 하나님께로부터 받은 계시로 만들어진 것이라고 한다. 1823년 9월 22일 계시를 받고 1830년에 출판한 책이다. 조셉 스미스가 계시를 받은 지 200년이 되지 않았다. 그러나 그동안 몰몬경은 40번 이상 수정되었다. 시간이 지나면서 수정하지 않으면 안 되는 내용들이 발견되었던 것이다. 이렇게 수정되는 것은 하나님의 계시가 아니다. 그렇다면 이만희가 받았다는 실상 계시는 수정되지 않았을까?

이만희가 계시를 받아 요한계시록의 실상을 기록했다는 최초의 책은 1985년에 출판한 〈계시록의 진상〉이다. 이 책은 이만희가 하나님께로부터 계시를 받아 성경 '요한계시록'을 1장부터 22장까지 배·멸·구의 실상으로 해석했다는 책이다. 이 책은 33년 동안 8번 전체 수정되어 책이 출판되었다. 시간이 지나면서 수정할 수밖에 없는 내용들이 있었기 때문이다. 이만희는 신천지를 시작할 때 홍종효와 함께 계시록 11장의 두 증인으로 시작을 하였다. 그러나 3년 후 두 증인이라는 이만희와 홍종효는 갈라선다. 이만희를 계시 받은 그리스도라고 했는데 홍종효 자신이 계시를 받은 그리스도라고 주장했기 때문이다. 두 증인이 갈라설 것을 예측하지 못한 이만희는 자신이 계시 받아 썼다는 〈계시록의 진상〉이라는 책을 수정할 수밖에 없게 되었다. 이렇게 수정하여 3년 후 1988년에 다시 출판한 책이 〈계시록의 진상2〉이다. 계시 받았다는 내용들의 많은 부분들이 3년 만에 수정되었던 것이다. 수정된 예를 하나만 확인해 본다. 〈계시록의 진상〉에 보면 계시록 11장의 갈대에 대하여 다음과 같이 말하였다.

"사도 요한은 10장에서 작은 책을 받아먹었다. 이번에는 또 지팡이 같은 갈대를 받는다. 작은 책을 받는 일과 지팡이 갈대를 받는 일은 유관한 일로써 공히 하나님으로부터 받은 말씀이다."(〈계시록의 진상〉 p.155).

즉 계시록 11장에서 요한이 받은 지팡이 같은 갈대가 바로 하나님의 말씀을 받은 것이라고 해석한 것이다. 그러나 3년 후 다시 출판한 〈계시록의 진상2〉에는 내용이 수정되었다.

"천사가 사도 요한에게 주시는 지팡이 같은 갈대는 애굽(사람)을 사도 요한의 손에 붙였다는 말이다."(〈계시록의 진상2〉, p.188).

갈대를 말씀이라고 했다가 갈대를 사람이라고 수정한 것이다. 이와 같이 이만희는 많은 내용들을 3년 만에 수정하였다. 그러나 수정된 책 〈계시록의 진상2〉도 시간이 지나면서 잘못된 부분이 많이 발견되어 다시 수정할 수밖에 없게 되었다. 5년 후 1993년에 다시 수정하여 출판한 책이 〈계시록의 실상〉이다. 이 책도 많은 부분이 문제가 되어 또 다시 수정하게 된다. 이 책을 6년 후에 완전 수정하여 완벽한 책으로 표지도 하드 커버로 바꿔서 1999년 출판한 책이 〈계시〉이다. 〈계시〉가 나오고

6년 후에 다시 수정하지 않을 수 없게 되어 2005년에 〈요한계시록의 실상〉이 나온다. 이 책도 6년 후 2011년에 다시 수정하여 출판하였다. 이 책도 역시 6년 후에 다시 수정했는데 2017년판 〈요한계시록의 실상〉이 그것이다. 이만희가 받은 계시는 5~6년마다 수정된 셈이다. 백 가지 이상을 수정했다. 그 중에 한 가지 예를 든다면 계시록 8장 1절에 "하늘이 반 시 동안쯤 고요하더니"라고 되어 있는데 이 '반 시'를 이만희는 이렇게 설명한다.

"본문은 일곱째 인을 뗄 때 하늘이 반 시 동안쯤 고요하다고 한다. 이때의 반 시는 6개월을 두고 하신 말씀이요."(〈계시〉, p.156).

6년 후에 이 내용을 수정하여 〈요한계시록 실상〉에서는 이렇게 기록하고 있다.

"요한은 일곱째 인을 뗄 때 하늘이 반 시 동안 고요하다고 한다. 여기서 반 시란 문자 그대로 한 시간의 반 즉 삼십분을 말한다."(〈요한계시록의 실상〉, p.175).

6개월에서 30분으로 수정한 것이다. 당시 '반 시' 문제로 신천지 집단에서 이탈한 신도들이 있었다. 신천지 집단은 당황하여 '선생님은 처음부터 30분이라고 했는데 책을 교정하는 사람이 실수한 것이다'라고 변명을 하였다. 그러나 이만희의 강의 육성 녹음에 '반 시는 6개월입니다'라고 되어 있다. 신천지 집단과 이만희는 그 외에도 계시 내용, 교리까지도 계속 수정하고 있다. 이만희가 계시 내용을 수정하여 다시 책을 출판할 때마다 수정한 내용들을 살펴보면 필자가 잘못되었다고 지적한 부분들을 수정한 것을 알 수 있었다. 이만희는 상당 부분 필자인 진용식 목사에게 '계시(?)'를 받은 것이다. 이만희가 받았다는 계시가 이렇게 많은 부분이 수정된 것은 하나님의 계시가 아니라는 것을 증명한다.

## 이만희가 받은 계시는 오류가 많다.

하나님께서 주신 계시는 오류가 없는 것이 특징이다. 성경은 하나님께서 주신 계시이기 때문에 오류가 없다. 성경의 무오성은 하나님의 계시라는 것을 입증해주는 것이다. 이만희가 받았다는 계시도 하나님께서 주신 것이라면 오류가 없어야 한다. 계시의 내용에서 오류가 발견된다면 하나님께서 주신 것이라고 할 수 없다. 이만희가 계시를 받아 썼다는 책들을 읽어보면 수백 가지의 오류들이 발견된다. 이만희가 받은 실상 계시라는 것의 오류들을 몇 가지만 소개해 본다. 계시록 14장 20절에 보면 "성 밖에서 그 틀이 밟히니 틀에서 피가 나서 말굴레까지 닿았고 일천육백 스다디온에 퍼졌더라"고 되어있는데 '일천육백 스다디온'이 나온다. 이만희는 계시를 받아 해석했다.

"배도한 장막 성도(땅의 포도)가 심판 받은 소식이 목자(말, 사 31:3) 들의 입에 오르내리고 약 천 리 (일천육백 스다디온)나 되는 지역으로 퍼졌다는 의미이다. 천 리는 대략 서울에서 부산에 이르는 거리이다."(〈요한계시록의 실상〉, 2005년, p.315).

이만희의 계시에 의하면 일천육백 스다디온은 약 천 리(400km)이며, 서울에서 부산 거리라고 하였다. 이만희의 이 계시는 맞는 것일까? 사전에 보면 1스다디온은 175m로 되어있다(엄도성, 도서출판 침탑, 〈성경 낱말사전〉, p.466). 1,600스다디온이라고 했으니 280km에 해당된다. 이만희의 계시는 오류이다. 1,600스다디온은 천 리(400km)도 아니고 서울에서 부산 거리(416km)도 아니다. 사전에 있는 내용을 보면 1,600 스다디온은 280km이다. 리 수로 계산하면 700리 정도 된다. 이만희의 계시는 오류이다. 필자가 이 내용이 잘못되었다고 지적하자 계시를 수정하였다. 2011년판 〈요한계시록의 실상〉에 이 부분을 약간 수정했다.

"배도한 장막 성도(땅의 포도)가 심판 받은 소식이 목자(말, 사 31:3 참고)들의 입에 오르내리고 1,600스다디온(약 750리)이나 되는 지역으로 퍼졌으니 거의 전국으로 알려졌다는 의미이다."(〈요한계시록의 실상〉, 2011년, p.290).

천 리를 '750리'로, 서울 부산 거리를 '거의 전국'으로 수정하였다. 처음 계시는 하나님께서 잘못 주셔서 이만희에게 수정하게 하셨다는 말인가? 이만희의 계시는 하나님의 계시일 리가 없다. 이만희의 또 다른 오류를 살펴보자. 신천지 집단은 세 가지의 절기를 지키고 있다. 유월절(1월 14일), 초막절(7월 15일), 수장절(9월 24일)이다.(〈신천지 발전사〉, p.68, 70, 74). 신천지 집단은 세 절기를 각기 다른 날로 지키고 있는 것을 보면 얼마나 성경에 무지한 사람들인지를 알 수 있다. 초막절과 수장절은 같은 날이기 때문이다. 초막절을 사전에 찾아보면 "유대인의 3대 절기중 하나로 수장절이라고도 한다."(엄도성, 〈성경 낱말사전〉, 도서출판 첨탑, p.776).

수장절은 초막절의 다른 이름이다. 이만희와 신천지가 같은 날인 수장절과 초막절을 날짜를 달리해서 따로 지키는 것을 보면 웃음이 절로 나온다. 하나님의 계시에 의해서 신천지가 이루어졌다면 이러한 오류가 있을 수 있겠는가? 이만희가 받은 계시는 하나님의 계시가 될 수 없다.

### 이만희의 계시는 다른 교주들과 동일하다.

국내에 가짜 재림주가 40여 명이나 된다. 이들 모두가 한결같이 계시를 받았다고 하는 자들이다. 이만희는 이들 중에 가장 나중에 재림주가 된 후배 교주이다. 이들이 다 계시를 받았다고 하는데 다 가짜가 분명하다. 재림주가 여러 명일 수가 없기 때문이다. 만일 이만희가 받은 계시가 하나님께 받은 계시라면 다른 가짜 재림주들이 받았다는 계시 내용과는 달라야 한다. 그러나 이만희가 받은 계시는 다른 가짜 재림주들이 받은 계시와 거의 동일하다. 이는 이만희의 계시가 하나님의 계시가 아니라는 증거이다. 통일교 문선명은 1950년대에 계시를 받고 통일교를 1954년에 만들었다. 문선명이 하나님께로부터 받았다는 계시를 쓴 책이 바로 〈원리강론〉이라는 책이다. 통일교는 이 책을 '성약'이라고 부른다.

이만희는 문선명보다 30년 후에 계시를 받고 신천지를 만들었다고 하는데 통일교의 문선명의 계시 내용과 70% 이상이 동일하다. 통일교에서 가르치는 비유풀이, 노정교리, 순환적 말세론, 육체구원교리, 영인부활(신천지는 신인합일), 시대별 구원자, 새 이스라엘 등 주요 골자가 되는 교리는 똑같다. 통일교와 신천지 집단이 다른 교리는 타락론이다. 그 외에는 거의 같은 내용이다. 이만희의 계시는 통일교에서 계시를 복사해 온 것이라고 보여진다.

통일교 문선명 다음에 통일교 강사로 있다가 재림주가 된 정명석은 1978년 '애천교'를 시작했다. 정명석은 성경을 3천 독을 하고 6천 번 이상의 계시를 받아 성경을 통달했다고 하면서 30개론이라는 교리를 만들고 책을 썼다. 정명석도 이만희의 선배 교주이다. 정명석의 30개론을 읽어보면 이만희의 신천지 교리와 똑같은 교리들이 많다. 비유론, 말씀의 짝, 노정교리, 세례 요한 교리, 두 증인, 감람나무, 시대별 구원자, 불심판 등 80%가 동일하다. 타락론 외에는 거의 다 동일한 교리이다. 세례 요한 교리는 똑같은 내용이다. 세례 요한의 배도, 침노, 실족 등 똑같은 주장을 하고 있다. 이만희가 정명석의 계시도 베껴온 것이 아닌가 생각 된다. 이만희가 가장 많이 베껴온 교리는 구인회이다. 자칭 재림주 구인회는 1976년에 옥사하였다. 역시 이만희의 선배 교주이다. 구인회의 책을 보면 신천지 집단의 책이 아닌가 착각할 정도이다. 주기도문의 대개, 비유풀이, 실상, 짝 풀이, 보혜사, 이긴 자, 세례 요한 교리, 두 증인, 책 받아먹은 자, 12지파 등 90% 이상이 똑같다. 구인회의 책을 읽어보면 문장까지도 이만희 책과 동일한 부분들이 있다. 그 외에도 에덴성회 이영수, 영생교 조희성 등도 주요 교리가 똑같다. 이렇게 다른 교주들과 같은 내용의 계시라면 하나님의 계시가 아닌 것이 분명하다.

## 3. 이만희는 거짓 선지자이다.

**이만희의 예언은 빗나갔다.**

거짓 선지자는 구약에서도 있었다. 어느 시대나 거짓 선지자들이 있다는 것이다. 성도들은 언제든지 거짓 선지자를 구별할 줄 알아야 한다. 구약 성경에도 거짓 선지자 구별법을 소개하고 있다.

"네가 혹시 심중에 이르기를 그 말이 여호와의 이르신 말씀인지 우리가 어떻게 알리요 하리라 만일 선지자가 있어서 여호와의 이름으로 말한 일에 증험도 없고 성취함도 없으면 이는 여호와의 말씀하신 것이 아니요 그 선지자가 방자히 한 말이니 너는 그를 두려워 말지니라."(신 18:21~22).

이 본문이 말하는 거짓 선지자의 구별법은 간단하다. 계시를 받았다는 선지자가 예언을 했을 때 그가 하나님의 계시를 받았다면 100% 맞을 것이다. 그러나 그가 한 예언이 성취되지 않고 빗나갔을 때 그는 거짓 선지자라는 것이다. 계시를 받았다는 선지자는 이러한 방법으로 시험해보고 분별할 수 있다는 것이다. 이만희도 이러한 방법으로 시험해보자.

이만희는 95%를 후언했지만 5%의 예언도 하였다. 이만희가 한 예언이 성취되었다면 하나님의 계시를 받은 것이지만 성취되지 않았다면 그는 거짓 선지자이다. 그러면 이만희의 예언을 확인해보자. 이만희는 1984년 2월 7일 〈종교세계의 관심사〉라는 책을 발간하였다. 그는 이 책에서 이렇게 예언하였다.

"영명 삼손 유재열 씨는 미국 장로회 소속 웨스트민스터신학교에 입학하여 박사 학위를 받아 왔으니 앞으로 독립 신학교를 마련할 것이며 그 뒤를 이어 소속 목사들이 미국에 가서 신학박사 학위를 받아와 장로교 신학교수가 될 것이 뻔한 일이다."(〈종교세계의 관심사〉, p.15).

이만희의 이 예언은 완전히 빗나갔다. 그로부터 35년이 지났으나 유재열은 독립 신학교를 마련하지 않았고, 그 소속 목사들이 미국에 가서 신학박사 학위를 받아오는 사람도 없었다. 이만희는 거짓 선지자가 분명하다. 그 외에도 이만희의 예언이 빗나간 것이 많지만 이만희가 신천지 집단을 만들고 시한부 종말의 예언을 하고 종말론 운동을 했던 사실이 있었다. 신천지 신도들은 잘 모르고 있는 일이다. 이만희는 계시를 받아 실상 교리를 가르치면서 1987년 9월 14일을 신천지 역사의 완성의 날로 예언하였는데 천지창조 7일을 7년으로 계산하여 7년 역사라고 하였다. 1980년 9월부터 1987년 9월까지 7년 역사가 이루어진다는 것이다.

"1980년 9월 14일, 이 날은 근래에 일어난 새 신 일곱 머리의 조직이 장막성전에 들어와 교권(지팡이, 끈, 도장)을 몰수한 날이다. 이 날이 멸망의 가증한 자 일곱 머리가 거룩한 곳에 서서 자기 법을 선포한 날이다. 이 날부터 시한을 계수하여 3년 6개월이 지나야 하며 그 날은 1984년 3월 14일이다. 따라서 멸망자에게 사로잡혀 짓밟히는 기간이 끝나는 날이다. 이것으로 전 3년 반의 역사는 지나가고 회복의 역사 곧 후 3년 반이 시작한다. 회복의 역사가 끝이 나는 눈부시도록 찬란한 그 날, 약속의 그 날은 여호와 하나님께서 친히 사람의 장막에 함께 계셔서 새 하늘 새 땅을 창조하는 대명천지의 신기원이 열리는 날이다(계 21:1~5)."(김병희·김건남, 〈신탄〉, 도서출판 신천지, 1985년. p.280).

1987년 9월 14일이 '신천지를 창조하는 대명천지의 신기원이 열리는 날'이라고 하였다. 신천지의 역사가 완성 되는 날이라는 예언을 한 것이다. 이러한 시한부 종말론에 대한 이만희의 예언을 더 확인해 본다.

"처음 하늘인 장막성전의 역사가 경신년 (1980년)에 끝이 나고, 멸망의 조직에게 사로잡혀 있는 형벌의 날이 시작되는 이 때에 새 언약의 사자가 한 빛으로 나타난다. 그가 짐승으로 더불어 3년 반 동안 진리 싸움을 하여 갑자년 (1984년)에 승리한다. 그가 이긴 자로서 아버지로부터 철장 권세를 받아 짐승을 멸하고 악인을 쳐서 십사만 사천인에게 인을 치시매 인 맞은 자가 이스라엘의 각 지파에서 일만 이천 씩 계수한 합이다(계 7:1~10). 따라서 이 인치는 기간은 무한정이 아니라 멸망자에게 짓밟힌 기간의 햇수 대로 회복하는 기간으로 정해져 있다(요엘 2:25). 삼년 반 동안 짓밟힌 고로 그 후의 삼년 반이 인치는 기간이 된다."(〈신탄〉 p.369).

이 예언에 의하면 1987년 9월14일까지가 인치는 기간이 된다고 하였다. 그러면 그 날까지 신천지 집단의 신도는 14만 4천인이 넘어야 한다. 그러나 1987년에 신천지 신도는 몇백 명에 불과하였다. 대명천지의 신기원도 이루어지지 않았다. 이만희의 예언은 완전히 빗나가고 말았다. 이로 보아 이만희는 거짓 선지자가 분명하다.

### 이만희는 자신이 쓴 책을 부정한다.

이만희는 〈신탄〉에 예언한 실상이 성취되지 않게 되자 〈신탄〉을 자신의 책이 아니라고 주장하였다. 그는 필자와 공개 토론을 할 때 〈신탄〉을 자기 책이 아니라고 하였다.

"신탄 책은 김건남, 김병희가 공저로 기록한 책이다. 이 책 내용 때문에 성도들 간에 분쟁까지 있었고 이 일로 두 사람은 신천지에서 추방되었다."(진용식 · 이만희 〈무료성경신학원 이단논쟁〉, p.44).

뿐만 아니라 〈신탄〉이 자신의 책이 아니라고 필자를 고소한 적도 있다. 그러나 〈신탄〉이 이만희의 책이라는 것은 이만희의 저서들을 통해 증명할 수 있다. 이만희가 〈신탄〉 다음에 쓴 〈계시록의 진상〉이라는 책에 보면 곳곳에 〈신탄〉 이야기가 나온다.

"이미 모세와 어린 양의 노래에 관한 기사는 본 계시록의 증거에 앞서 내놓은 바 있는 신탄(神誕)이라는 책자에 자세히 밝혀 놓았으니 참고하기 바란다."(〈계시록의 진상〉, p.85).

그리고 1988년에 발간한 〈계시록의 진상2〉 책 날개에 보면 '도서출판 신천지, 저자 이만희, 신탄'이라고 되어있다. 어떻게 자신의 책이 아니라고 할 수 있을까? 손바닥으로 하늘을 가리는 것과 같다. 신천지 연혁에는 다음과 같이 기록되어 있다.

"1984년 12월15일 문화재단을 창설, 신천지 도서 출판을 발족하고, 1985년 4월 5일 안양시 비산2동 238-13호로 성전을 이전. 6월 5일에 '신탄' 책을 출간, 12월 12일자로 '요한계시록의 진상'을 출간하고 집회를 열어왔다."(〈신천지 발전사〉, p.4).

그런데 왜 이만희는 〈신탄〉이 자신의 책이 아니라고 하는 것인가? 〈신탄〉에 이만희의 빗나간 예언이 나와 있기 때문이다. 이만희가 〈신탄〉을 부정한다 해도 시한부 종말을 주장했던 일은 부인할 수가 없다. 당시에 있던 신천지 집단의 신도는 다 알고 있기 때문이다. 당시 신천지 집단에 있었던 신도들 중에 이탈한 사람들이 있다. 이들은 이만희의 빗나간 시한부 종말론 주장을 생생하게 증거하고 있다. 특히 신천지 집단의 성지 순례 영상에서도 확인할 수가 있다. 신천지 신도들은 이만희가 계시를 받았다는 곳을 돌아보는 성지 순례를 한다. 이 성지 순례 때 교육장인 윤재명이 설명하는 영상이 있다. 이 영상에서 신천지 교육장 윤재명이 설명하기를 "처음에 총회장님이 1984년도에 2월 21일입니까? 그때에 〈종교세계의 관심사〉 책 만 권을 전국에도 뿌리고 외국에도 보내고 그리고 인제 입산하시면서 홍종효 씨에게 단을 맡겼어요! 단을 맡기고 이제 이리 올라왔는데 여기 아까 그 도장 거기에서 40일을 계시면서 〈신탄〉 원본을 노트 두 권에다가 하나님께 받아 기록하시고 그리고 40일 동안 여기 있다가 하산하신 거지요"(윤재명, 녹취록)라고 히였다. 즉, 이만희가 하나님께 계시를 받아 〈신탄〉을 기록했다고 증언하고 있다. 그런데 이만희는 자신의 책이 아니라고 하는 것이다. 이러한 점을 볼 때 이만희는 거짓 선지자가 분명하다.

# 제 16장 구원자 이만희 실상 교리의 허구

신천지 집단 이만희의 모든 실상 교리의 결론은 교주 이만희가 '구원 자'라는 것이다. 이만희가 쓴 모든 책, 교리, 실상의 내용은 구원자인 이 만희를 믿어야 구원을 받을 수 있다는 것이다. 그러므로 신천지 집단은 기독교라고 할 수 없다. 기독교는 예수님을 유일한 구원자로 믿는 사람 들이다. 신천지 집단은 기독교가 아닌 만희교이다. 이만희를 구원자로 믿고 있기 때문이다. 교회에서 예수님을 구원자로 믿다가 신천지 집단 에 미혹되면 이만희를 구원자로 믿는다. 구원자를 바꾸는 것이다. 이만 희를 성경에서 말하는 구원자라고 하는 것은 거짓말이며 허구이다. 이 만희가 구원자라는 실상의 허구를 밝혀 본다.

## 1. 구원자 이만희 교리의 실상

### 시대별 구원자 교리

이만희는 자신이 구원자라는 교리를 가르치기 위해서 '시대별 구원자 교리'를 가르친다. 정통교회에서는 지구 역사에 오직 유일한 구원자는 예수님이라고 믿는다. 그러나 신천지 집단에서는 시대마다 구원자가 있 다고 가르친다. 이만희는 다음과 같이 말한다.

"이처럼 범죄한 아담의 세계에 보낸 구원자는 노아였고, 범죄한 모세의 세계에 보낸 구원자는 예수님이었다."(〈성도와 천국〉, p.18).

이들은 예수님이 구원자임을 부인하는 것은 아니다. 단, 시대마다 구원자가 있었고 예수님은 초림 때의 구원자였다는 것이다.

"예수님이 이들의 세계가 서기관과 바리새인들에게 멸망되었을 때 노아같이 구원자로 오신 것은 우리 신앙인들이 다 아는 사실이다."(위의 책, p.88).

"시대마다 노아, 아브라함, 모세, 예수를 바다 같은 이 세상에서 빛으로 택한 것은 밤에 속한 인생들의 어두워진 심령을 진리의 빛으로 깨우치기 위함이었다."(위의 책, p.44).

즉, 홍수시대에는 노아가 구원자였고 그 다음은 아브라함이 구원자였으며, 출애굽 시대에는 모세가 구원자였다. 그리고 초림 때는 예수님이 구원자였다는 것이다. 신천지 집단 외에도 교주를 구원자라고 하기 위하여 이 시대별 구원자 교리를 가르치는 이단들이 있다.

### 이 시대의 구원자는 이만희

시대별 구원자 교리를 가르쳐서 시대마다 구원자가 있었다는 것을 믿게 하고 이 시대에도 예수님이 아닌 구원자가 있다는 것을 가르친다. 이 시대에는 누가 구원자일까? 신천지 집단은 이만희를 이 시대의 구원자로 가르친다.

"구원자는 멸망자에게 포로가 된 백성을 구하는 예수님께 속한 이긴 자이다. 이들이 각자에게 해당하는 말씀을 이룸으로 계시록의 예언이 성취된다. 계시록의 예언은 구약의 인명과 지명, 자연계의 해·달·별과 하늘과 땅, 동물과 식물 등을 빗댄 비유로 기록되었다. 성취 때는 비사(比辭 비사)가 아닌 실상을 증거한다."(〈요한계시록의 실상〉, 2011년, p.17).

이긴 자인 이만희가 구원자이며 실상으로 증거한다는 것이다. 또 이만희는 이렇게 말한다.

"이 일을 증거하는 구원자 사도 요한 격인 목자를 알아야 하고 이 중 오직 사도 요한 격인 목자에게 증거를 받아 믿고 지켜야 한다. 이것이 이루겠다고 약속하신 설계도요 약속이요 하나님의 뜻이다."(〈계시〉, p.83).

### 구원자 이만희를 믿어야 구원받는다.

이만희는 시대별 구원자 교리를 가르친 다음 이 시대의 구원자는 이만희 자신이라고 가르친다. 하나님께서 이 시대에 구원자를 보내주셨는데 바로 이만희이며 구원자인 이만희를 믿어야 구원을 받을 수 있다는 것이 신천지 집단의 구원론이다.

"구원자를 잘 분별하여 반드시 구원자에게 속해야 구원받게 된다는 것을 명심해야 한다."(〈계시〉, p.212).

"구원을 받으려는 자는 오직 배도자 멸망자 구원자의 실체를 알고 믿어 구원을 얻어야 한다. 이것이 곧 시대를 분별하는 일이다."(〈천지창조〉, p.385).

### 멸망자에게서 빼내는 것이 구원이다.

이만희가 이 시대의 구원자가 되는 증거는 멸망자들인 청지기 교육원으로부터 멸망하는 자들을 구원시켰기 때문이라고 한다.

"그것은 선민 장막인들이 하나님을 배도하므로 멸망자들(7머리 10뿔)에게 멸망을 받은 그 곳에 구원자가 와서 초림 때(요 5: 19〜29)와 같이 빼내어(계 17:14) 모은 곳이 구원의 처소이기 때문이다."(〈성도와 천국〉, p.229).

이만희는 배도, 멸망, 구원의 역사를 이룰 때 구원자가 되었다는 말이다. 첫 장막이 배도하여 멸망자라고 하는 청지기 교육원이 첫 장막을 멸망시킬 때에 여기에서 빼내어 구원하여 모은 곳이 신천지 집단이라는 것이다.

"그러면 배도자와 멸망자와 구원자의 실체는 누구인가? 배도자, 멸망자, 구원자, 이 세 존재는 요한계시록 12장과 13장 말씀으로 확실히 구분할 수 있다. 그들이 누구라는 실상에 대하여는 배도와 멸망의 현장을 직접 목격한 증인들에게 들으면 알 수 있다. 배도와 멸망의 현장은 '짐승과 우상과 그 이름의 수'로 비유된 멸망자들이 들어간 일곱 금 촛대 장막(계 2~3장)이며 그 곳에서 이기고 나온 증인들이 모인 곳은 증거장막 성전이다(계 15:2, 5)."(〈천지창조〉, p.350).


## 2. 구원자 이만희 교리는 허구이다.

### 인간은 구원자가 될 수 없다.

성경에는 모든 인간은 다 죄인이라고 하였다. 죄인인 인간은 구원자가 될 수 없는 것이다. 자신도 구원받아야 할 인간이 어떻게 다른 사람을 구원할 수 있겠는가? 그래서 성경에는 원죄가 있는 인간은 어떤 인간도 구원자가 될 수 없다고 하였고 그러므로 하나님만이 구원자라고 하였다.

"나 곧 나는 여호와라 나 외에 구원자가 없느니라."(사 43:11).

신천지 집단의 교주 이만희는 자신도 죄인으로서 구원을 받아야 할 인간이기 때문에 결코 구원자가 될 수 없다. 죄로 인하여 이만희도 늙어서 죽어가고 있는데, 어떻게 구원자가 될 수 있겠는가? 이만희를 구원자라고 하는 것은 허구이며 종교사기이다. 그러면 인간인 예수님은 어떻게 구원자가 될 수 있느냐고 물을 것이다. 예수님은 하나님이시기 때문에 구원자가 되실 수가 있다. 성령으로 잉태하신 예수님은 원죄가 없으신 분이다. 그래서 구원자가 되시는 것이다. 예수님이 성령으로 잉태되신 하나님의 아들이라는 것은 이만희도 인정하고 있다.

"예수 그리스도는 아브라함의 혈통 다윗의 가문에 탄생하셨다. 그러나 그는 성령으로 동정녀(童貞女)의 몸에서 잉태되셨으므로 하나님의 씨로 난 하나님의 아들이며 사람의 아들이 아니다. 마리아는 예수님을 잉태하기 전에 남자를 알지 못하였고(눅 1:34) 예수님을 해산하기까지 남편 요셉과도 동침하지 않았다(마 1:18). 천사 가브리엘은 마리아를 찾아가서 말하기를 '성령이 네게 임하시고 지극히 높으신 이의 능력이 너를 덮으시리니, 이러므로 나실 바 거룩한 자는 하나님의 아들이라 일컬으리라(눅 1:35).'고 했다. 그리고 아이가 출생하기 전에 이미 아이의 이름이 예수라는 것을 알려 주었다(눅 1:31)."(《천지창조》, p.93).

이만희 스스로도 인정하는 것처럼 예수님은 사람의 아들이 아니다. 동정녀에게서 성령으로 잉태되어 태어나신 하나님의 독생자이다. 예수님은 사람의 몸을 입으셨으나 하나님이시다. 하나님께서 사람의 몸을 입으시고 구원자로 오신 분이 예수님이신 것이다. 그래서 성경은 예수님 외에 천하 인간들 중에 아무도 구원자가 될 수 없다고 못 박아 말씀하고 있다. "다른 이로서는 구원을 얻을 수 없나니 천하 인간에 구원을 얻을 만한 다른 이름을 우리에게 주신 일이 없음이니라 하였더라."(행 4:12).

이 세상의 어떤 인간도 구원자가 될 수 없다. 천하 인간 중에 하나인 이만희는 절대로 구원자가 될 수 없다. 구원자는 오직 예수 그리스도 한 분이시다.

### 시대별 구원자 교리는 거짓말이다.

시대마다 구원자가 있었다는 이만희의 주장은 거짓말이다. 이만희는 시대마다 구원자가 있다고 가르친다. 노아, 아브라함, 모세, 예수 등으로 구원자가 시대마다 있었다고 하였다. 이중에서 가장 많이 말하는 구원자는 노아이다. 노아 홍수 시대에는 노아가 구원자였다는 것이다. 과연 노아가 구원자였을까? 구원자라는 것은 자신이 구원받는 것을 말하는 것이 아니라 다른 사람을 구원할 수 있는 사람을 말한다. 사망에 처한 사람을 건져내어 천국으로 가게 하는 사람을 구원자라고 한다. 그러면 노아는 다른 사람을 구원하는 구원자인가? 성경은 천하 인간에 구원받을 이름을 주시지 않았다고 하였다. 노아는 구원자가 아니다. 성경은 분명하게 밝히고 있다.

"비록 노아, 다니엘, 욥이 거기 있을지라도 나의 삶을 두고 맹세하노니 그들은 자녀도 건지지 못하고 자기의 의로 자기의 생명만 건지리라 나 주 여호와의 말이니라 하시니라."(겔 14:20). 노아는 자기의 자녀도 건지지 못한다. 건진다는 말은 '구원'이라는 뜻이다. 결국 노아는 구원자가 아니라는 말이다. 그러면 출애굽시대의 구원자는 모세였다고 말한다. 모세도 구원자가 아니었다. 모세는 이스라엘 백성을 가나안 땅으로 인도하는 지도자였지만 구원자가 될 수 없었다. 모세도 원죄를 가진 인간이었기 때문이다. 모세는 자신도 가나안 땅에 들어가지 못하고 광야에서 죽었다. 성경에는 한 번도 모세가 구원자였다고 기록된 곳이 없다. 그러면 모세 시대의 구원자는 누구였는가? 그때의 구원자도 하나님이셨다.

"애굽에서 큰일을 행하신 그 구원자 하나님을 저희가 잊었나니."(시 106:21).

이스라엘 백성들을 애굽에서 건져내신 구원자는 하나님이시며 그 영혼을 구원하는 구원자는 육신을 입고 오신 성자 하나님이신 예수 그리스도였다. 모세도 그리스도를 믿었다고 성경은 기록하고 있다.

"믿음으로 모세는 장성하여 바로의 공주의 아들이라 칭함을 거절하고 도리어 하나님의 백성과 함께 고난 받기를 잠시 죄악의 낙을 누리는 것보다 더 좋아하고 그리스도를 위하여 받는 능욕을 애굽의 모든 보화보다 더 큰 재물로 여겼으니 이는 상 주심을 바라봄이라."(히 11:24~26).

모세도 그리스도를 위해 살고 그리스도를 바라보는 믿음을 가졌다. 구약시대, 예수님께서 세상에 오시기 전에는 앞으로 오실 예수님을 바라보고 구원을 받은 것이다. 예수님께서 오신 후에는 영원히 구원자가 되셨다.

"그가 아들이시라도 받으신 고난으로 순종함을 배워서 온전하게 되었은즉 자기를 순종하는 모든 자에게 영원한 구원의 근원이 되시고."(히 5:8~9).

구원자는 시대마다 있는 것이 아니고 오직 예수님 한 분만이 영원한 구원자이신 것이다. 죄인인 인간은 아무도 구원자가 될 수 없다.

### 성경에 기록된 인간 구원자들

성경에는 예수님 외에 구원자들이 있었다고 기록되어 있다.

"이스라엘 자손이 여호와께 부르짖으매 여호와께서 그들을 위하여 한 구원자를 세워 구원하게 하시니 그는 곧 갈렙의 아우 그나스의 아들 옷니엘이라."(삿 3:9), "이스라엘 자손이 여호와께 부르짖으매 여호와께서 그들을 위하여 한 구원자를 세우셨으니 그는 곧 베냐민 사람 게라의 아들 왼손잡이 에훗이라…."(삿 3:15).

신천지 집단 이만희가 "성경에 인간도 구원자라고 하지 않았느냐?"라는 주장을 할 때 잘 인용하는 성경 구절이다. 사사시대에 이스라엘 백성들이 블레셋 등 이방인들에게 고난을 당할 때 하나님께서는 사사들을 세워 이스라엘 백성들을 곤경에서 건져주셨다. 그래서 사사들을 '구원자'라고 하였다. 이때 구원은 육적 구원을 말하는 것이다. 사사들이 영혼의 죄를 속죄해서 천국으로 인도하는 '영적 구원자'가 아니라 '육적 구원자'였던 것이다. 죄로 말미암아 심판을 받고 영원히 지옥에서 죽어야 할 영혼을 십자가의 보혈로 구속하셔서 구원하신 예수님만이 우리 영혼의 '구원자'가 되신다는 것이다.

이만희는 영적 구원자도, 육적 구원자도 아니다. 육적 구원자는 전쟁, 질병, 빈곤 등에서 구원해주는 구원자를 말한다. 이만희는 육적 구원을 한 적이 없다. 이만희가 언제 사람들을 육적인 곤경에서 건져준 적이 있는가? 이만희는 육적 구원자가 아니다. 그러면 이만희는 영혼을 구원하는 영적 구원자인가? 이만희가 영적 구원자는 더욱 아니다. 이만희가 사람들의 죄를 속죄해 준 적이 있는가? 속죄할 수도 없고 하지도 않았다. 이만희가 십자가에 달려서 피를 흘린다고 해도 속죄가 불가능하다. 이만희 자신도 죄인이기 때문이다. 이만희의 피는 아무 효력이 없는 피이다. 이로 보아 이만희는 영혼을 구원한 영적 구원자가 될 수 없다. 이만희를 구원자라고 믿는 신천지 집단의 신도들은 완전히 속은 것이다. 구원자는 죄인을 위해 십자가에서 피를 흘리시고 구속을 이루신 오직 예수 그리스도 한 분이시다.

**예수님 외에 다른 구원자가 이단이다.**

성경은 인간의 몸을 입고 오신 성자 하나님 예수 그리스도만이 구원자라고 말씀하고 있다. 하나님 외에는 어떤 인간도 구원자가 될 수 없기 때문이다.

"너희는 알리며 진술하고 또 함께 의논하여 보라 이 일을 옛 부터 듣게 한 자가 누구냐 이전부터 그것을 알게 한 자가 누구냐 나 여호와가 아니냐 나 외에 다른 신이 없나니 나는 공의를 행하며 구원을 베푸는 하나님이라 나 외에 다른 이가 없느니라."(사45:21).

'예수'라는 이름의 뜻은 '구원자'이다. 하나님께서 이 세상에 인간의 몸을 입고 '구원자'로 오셨기 때문에 예수(구원자)라고 하는 것이다. 예수 외에 다른 구원자는 다 이단이다. 많은 사람들이 다른 구원자를 믿게 되는 것은 이단의 미혹을 받았기 때문이다. "뱀이 그 간계로 하와를 미혹한 것 같이 너희 마음이 그리스도를 향하는 진실함과 깨끗함에서 떠나 부패할까 두려워하노라 만일 누가 가서 우리가 전파하지 아니한 다른 예수를 전파하거나 혹은 너희가 받지 아니한 다른 영을 받게 하거나 혹은 너희가 받지 아니한 다른 복음을 받게 할 때에는 너희가 잘 용납하는구나."(고후 11:3~4).

예수님 외에 다른 예수(구원자), 다른 복음, 다른 영이 이단인 것이다. 이만희를 구원자라고 하는 것은 다른 예수(구원자)이며, 다른 복음, 다른 영이다. 신천지 집단의 신도들은 다른 예수인 이만희를 구원자로 믿어 이단에 미혹된 불쌍한 영혼들이다. 신천지 집단의 신도들은 이만희를 구원자라고 하는 종교사기에 속았음을 깨닫고 우리의 영혼의 구원자 되신 예수님께 돌아오기를 바란다.

"너희가 전에는 양과 같이 길을 잃었더니 이제는 너희 영혼의 목자와 감독 되신 이에게 돌아왔느니라."(벧전 2:25).

**멸망자에게서 구원하는 구원자라는 이만희 실상은 허구이다.**

이만희를 구원자라고 할 때 주장하는 교리는 신천지의 실상이라고 하는 '배·멸·구'이다. 이만희는 배도와 멸망에 있는 사람을 구원하는 구원자라는 것이다.

"그것은 선민 장막인들이 하나님을 배도하므로 멸망자들(7머리 10뿔)에게 멸망을 받은 그 곳에 구원자가 와서 초림 때(요 5:19~29)와 같이 빼내어(계 17:14) 모은 곳이 구원의 처소이기 때문이다."(〈성도와 천국〉, p.229).

신천지 집단 이만희가 말하는 구원은 장막성전이 배도하여 멸망자인 청지기 교육원이 장막성전에 들어와 멸망시킬 때 구원자 이만희가 멸망자들에게서 빼내는 것이 구원이라고 한다. 이민희의 구원은 멸망자인 청지기 교육원에게서 빼내는 구원이다. 이만희는 또 다음과 같이 말한다.

"…그리고 12장에 보면 13장에 들어온 짐승과 싸워 이긴 자들이 있으니 이들은 구원자로서 이들과 싸워 용의 무리 짐승이 내어 쫓기고 이때부터 하나님의 나라와 구원이 있게 된다. 즉, 하늘 장막 곧 일곱 금 촛대 교회가 배도하여 멸망하고 그 교회(장막)에 침입한 자(멸망자)도 멸망당한 후 영적 새 이스라엘 열두 지파 14만 4천 명과 흰옷 입은 큰 무리가 구원을 얻는다. 이것이 주 재림 때 나타나는 배도 멸망 구원의 일이다. 지상 성도는 요한계시록 12장의 이긴 자를 만나 하나 되는 것이 곧 구원을 얻게 되는 것임을 알아야 한다."(〈천지창조〉, p.353).

이러한 이만희의 주장에 따르면 이만희는 모든 사람의 구원자가 아니라 멸망자 청지기 교육원에 멸망 당하는 배도자인 첫 장막 사람들의 구원자라는 것이다. 멸망자인 청지기 교육원에 멸망당한 적이 없는 사람들에게는 구원자가 될 수 없다는 말이다. 그러나 현재 이만희가 구원자라는 종교사기에 속은 신천지 신도들의 대부분은 청지기 교육원에 멸망

당한 적이 없는 사람들이다. 즉 첫 장막 사람들이 아닌 일반인들이다. 실제로 이만희가 구원했다는 첫 장막 신도들은 극소수에 불과하다. 이로 보아 이만희를 구원자라고 하는 신천지 집단의 실상은 허구이다.

**죄와 사망에서 건지는 자가 구원자이다.**

성경에서 말하는 구원은 죄와 사망에서 건지는 것을 말한다. 모든 인간은 죄로 인하여 죽게 되었고 영원한 지옥의 형벌을 받게 되었다. 멸망이란 청지기 교육원에게 당하는 것이 아니라 죄로 인하여 심판 받고 지옥의 형벌을 받는 것을 멸망이라고 한다.

"하나님을 모르는 자들과 우리 주 예수의 복음을 복종치 않는 자들에게 형벌을 주시리니 이런 자들이 주의 얼굴과 그의 힘의 영광을 떠나 영원한 멸망의 형벌을 받으리로다."(살후 1:8~9). 죄인에게 구원자가 필요하다. 멸망자(청지기 교육원)에게서가 아니라 죄와 사망에서 건져줄 구원자가 필요한 것이다. 바울은 말하기를 "오호라 나는 곤고한 사람이로다. 이 사망의 몸에서 누가 나를 건져내랴"(롬 7:24)라고 하였다. 바울도 멸망자(청지기 교육원)에게서 구원하는 구원자가 아닌 죄와 사망에서 구원할 구원자를 찾은 것이다. 죄를 지었기 때문에 사망이 오고 율법을 범하는 것이 죄악이라고 하였다.

"사망아 너의 이기는 것이 어디 있느냐 사망아 너의 쏘는 것이 어디 있느냐 사망의 쏘는 것은 죄요 죄의 권능은 율법이라."(고전 15:55~56).

그러므로 구원이란 죄를 확실하게 해결 받는 것을 말한다. 예수님은 인간의 몸을 입고 오셔서 십자가에서 속죄양(어린양)이 되어 인류의 죄를 지고 죽으심으로 우리의 모든 죄를 확실하게 해결하여 주셨다. 예수님의 보혈로 죄를 해결하는 것을 '구속'이라고 한다. '구속'이 없으면 절대로 구원을 받을 수 없다. 예수님의 '구속'을 나를 위한 것으로 믿는 것이 믿음이다. 그래서 예수님을 믿는 사람을 '구속' 받은 사람이라고 한다.

"우리가 그리스도 안에서 그의 은혜의 풍성함을 따라 그의 피로 말미암아 구속 곧 죄 사함을 받았으니."(엡 1:7).

예수님의 보혈로 구속을 받은 사람을 성경은 '이긴 자' 라고 한다. 죄와 사망을 이기는 것이 구원이기 때문이다.

"이 썩을 것이 썩지 아니함을 입고 이 죽을 것이 죽지 아니함을 입을 때에는 사망이 이김의 삼킨바 되리라고 기록된 말씀이 응하리라 사망아 너의 이기는 것이 어디 있느냐 사망아 너의 쏘는 것이 어디 있느냐 사망의 쏘는 것은 죄요 죄의 권능은 율법이라 우리 주 예수 그리스도로 말미암아 우리에게 이김을 주시는 하나님께 감사하노니."(고전 15:54~57).

죄를 속죄 받아 심판과 지옥의 형벌을 벗어나 영생을 얻게 되는 것이 이김인 것이다. 이러한 구원을 이만희가 줄 수 없다. 즉 '구원자'가 될 수 없다는 것이다. 이만희가 어떻게 죄와 사망에서 건져줄 수 있겠는가? 이만희가 피를 흘리고 죽은 적이 있는가? 이만희가 죽어 피 흘린 적도 없지만 이만희가 피를 흘리고 죽는다 해도 구원자가 될 수 없다. 이만희 자신도 죄인이기 때문이다. 죄인인 이만희가 피를 흘린다 해도 그 피는 속죄의 피가 될 수 없다. 오직 죄 없으신 예수님의 보혈만이 우리를 죄에서 '구속'할 수 있다. 이만희의 종교사기에 속은 신천지 신도들은 구속해 줄 수 없는 가짜 구원자 이만희를 버리고 진짜 구원자인 죽임을 당한 하나님의 어린양이신 예수 그리스도를 믿고 '구속' 받아 천국의 백성이 되기를 바란다.

**구속받은 성도가 십사만 사천인이다.**

이만희를 구원자라고 하는 것은 '배도, 멸망, 구원'에서 구원하는 구원자라는 것이다. 즉 멸망자(청지기 교육원)에게서 구원하는 구원이다. 그러나 예수님의 구원은 죄에서 '구속'하시는 구원이다. '구속'이라는 말은 '죄 사함'을 말한다.

"우리가 그리스도 안에서 그의 은혜의 풍성함을 따라 그의 피로 말미암아 구속 곧 죄 사함을 받았으니."(엡 1:7).

구원 받은 성도는 어떤 사람인가? 죄에서 '구속'을 받은 사람들이다. 요한계시록 14장에는 하나님의 백성인 십사만 사천인에 대하여 소개하고 있다. 십사만 사천인은 어떻게 구원받은 사람인가? 이만희는 십사만 사천인을 처음 익은 열매라고 소개하고 있다.

"또한 처음 익은 열매된 이들은 지금까지 비유와 비사로 예언된 말씀으로 인 맞은 것이 아니라 처음 하늘이 없어진 후 성경의 모든 비밀을 풀어 밝혀 실상과 일치하는 그 현장을 보고 인 맞은 새 하늘과 새 땅의 주인공들이다. 따라서 이 일 이전에는 인치는 일도 없었고 인 맞은 일도 없었음을 명심해주기 바란다."(〈계시록의 진상〉, p.217). 이만희가 말하는 십사만 사천은 첫 장막 멸망 후 실상의 현장을 보고 인을 맞은 사람들이라고 하였다. 그러나 성경에서 말하는 십사만 사천인은 예수님의 보혈로 구속을 받은 사람이다. "저희가 보좌와 네 생물과 장로들 앞에서 새 노래를 부르니 땅에서 구속함을 얻은 십사만 사천인밖에는 능히 이 노래를 배울 자가 없더라."(계 14:3).

즉 '구속함을 얻은 십사만 사천인'이라고 하였다. 구속함을 얻은 사람들이 십사만 사천인이다. 예수님의 구속을 믿고 죄 사함을 받은 사람들이라는 것이다. 구속함을 받은 사람들이 아니면 십사만 사천인이 될 수 없다. 따라서 신천지 집단의 신도들은 십사만 사천인이 될 수 없다. 신천지 집단의 신도들은 예수님의 구속을 믿는 사람들이 아니다. 교주 이만희를 구원자라고 믿는 자들이다. 신천지 집단에서 열두 지파를 만들어 십사만 사천인의 흉내를 내고 있지만 요한계시록에 있는 십사만 사천인은 될 수가 없다. 예수님의 보혈로 구속을 받은 자들이 아니기 때문이다.

### 구속 받은 사람이 나라와 제사장이다.

성경에는 구원 받은 성도를 '나라와 제사장'이라고 하였다. 그러나 신천지 집단의 교주 이만희는 신천지 집단이 '나라와 제사장'이라고 한다.

"우리 신천지는 말씀을 받아 성경을 통달하였고 하나님의 나라와 제사장이 되었다."(〈천지창조〉, p.4).

"신약의 예언이 성취된 실상을 확인하고 그것을 믿고 지키는 자는 복이 있으니 하나님의 인 맞고 구원의 처소인 신천지로 오는 자는 하나님 나라와 제사장이 되어 세세토록 왕 노릇 할 것이다."(위의 책, p.529).

이만희가 말하는 나라와 제사장은 이만희의 교리를 받고 이만희를 구원자로 믿는 신천지 집단의 신도들이라는 것이다. 그러나 성경은 나라와 제사장은 예수님의 피로 구속함을 받은 자가 나라와 제사장이 된다고 하였다.

"그가 우리를 흑암의 권세에서 건져내사 그의 사랑의 아들의 나라로 옮기셨으니 그 아들 안에서 우리가 구속 곧 죄 사함을 얻었도다."(골 1:13~14).

구속 곧 죄 사함을 받을 때 아들의 나라로 옮겨진다. 예수님의 피로 구속을 받아야 하나님의 나라가 된다. 구속은 '죄 사함'이다. 특히 요한계시록에는 나라와 제사장에 대하여 자세히 증거하고 있다.

"또 충성된 증인으로 죽은 자들 가운데서 먼저 나시고 땅의 임금들의 머리가 되신 예수 그리스도로 말미암아 은혜와 평강이 너희에게 있기를 원하노라 우리를 사랑하사 그의 피로 우리 죄에서 우리를 해방하시고 그 아버지 하나님을 위하여 우리를 나라와 제사장으로 삼으신 그에게 영광과 능력이 세세토록 있기를 원하노라 아멘."(계 1:5~6).

죄에서 해방이 되어야 나라와 제사장이 된다. 죄에서 해방되는 것을 '구속'이라고 한다. 계시록 5장에서 새 노래를 부르는 사람들도 구속 받아 나라와 제사장이 된 사람들이다.

"새 노래를 노래하여 가로되 책을 가지시고 그 인봉을 떼기에 합당하시도다. 일찍 죽임을 당하사 각 족속과 방언과 백성과 나라 가운데서 사람들을 피로 사서 하나님께 드리시고 저희로 우리 하나님 앞에서 나라와 제사장을 삼으셨으니 저희가 땅에서 왕 노릇 하리로다 하더라."(계 5:9~10).

새 노래를 부르는 사람들을 피로 사서 나라와 제사장을 삼으셨다고 하였다. '피로 사서'라는 말은 '구속'이라는 뜻이다. 새 노래는 아무나 부르는 것이 아니다. 구속함을 받은 십사만 사천인만이 새 노래를 부를 수가 있는 것이다.

"저희가 보좌와 네 생물과 장로들 앞에서 새 노래를 부르니 땅에서 구속함을 얻은 십사만 사천인밖에는 능히 이 노래를 배울 자가 없더라."(계 14:3).

예수님의 십자가의 구속을 믿고 죄 사함을 받은 사람 곧 예수님만을 구원자로 믿은 사람이 나라와 제사장이며 십사만 사천인이 되는 것이다. 신천지 집단의 신도들은 나라와 제사장도, 십사만 사천인도 될 수가 없다. 이만희를 구원자로 믿기 때문에 구속함을 받지 못한 자들이다. 이만희는 구속을 이룬 적이 없다. 죽은 적도 없고 피를 흘린 적도 없다. 이만희가 구원자라는 것은 종교사기이다. 참 구원자는 하나님이신 예수 그리스도이다. 가짜 구원자 이만희에게 속은 신천지 집단의 신도들은 가짜 구원자 이만희를 버리고 참 구원자이신 예수님을 믿어 구원받는 성도가 되기를 바란다.

# 제 17장 이만희가 보혜사라는 거짓말

이단 교주들이 자신을 신격화할 때 즐겨 사용하는 교리가 보혜사론이다. 예수님께서는 승천하실 때 보혜사를 보내주시겠다고 약속하셨다. 이단 교주들은 그 보혜사가 바로 자신이라고 가르친다. 국내에만 해도 '하나님의 교회' 교주 안상홍, '에덴성회' 교주 이영수, '재림예수교' 구인회 등 자칭 보혜사가 40여 명이나 된다. 신천지 집단의 교주 이만희도 역시 자신을 보혜사라고 주장하고 있다. 신천지 집단의 신도들은 이러한 이만희의 보혜사론에 세뇌되어 이만희를 보혜사라고 굳게 믿고 있다. 그러나 이만희를 보혜사라고 하는 신천지 집단의 보혜사론은 허구이며, 거짓말이다. 신천지 집단의 신도들은 이만희의 종교사기에 속고 있다. 이에 필자는 이만희가 보혜사라는 신천지 집단의 실상 교리의 허구성을 밝힌다.

## 1. 이만희의 보혜사론

### 자신이 보혜사라는 이만희의 주장

신천지 집단의 신도들과 상담을 할 때 "이만희를 보혜사라고 하지 않느냐?"라고 물으면 그들은 "이만희를 보혜사라고 하지 않는다"라고 거짓말을 하기도 한다. 그러나 신도들의 거짓말과 달리 이만희 교주는 자신이 보혜사라고 강력히 주장한다. 2000년 1월, 필자와 이만희는 이단

문제 전문지 월간 〈교회와신앙〉에서 공개토론을 한 사실이 있다. 이만희와 필자가 지상 공개 토론을 하던 중 이만희는 스스로 주장하기를 "나는 진리의 성령과 책을 받고 예수님의 이름으로 와서 예수님의 것을 가르치는 보혜사입니다."(이만희·진용식,〈무료성경신학원 이단논쟁〉, 도서출판 백승, p.90)라고 하였다. 뿐만 아니라 이만희가 쓴 책 〈계시〉의 표지에 저자를 "증인 이만희 보혜사 저"라고 하였다. 이만희는 자신이 약속의 목자이며, 사도 요한 격의 사명자라고 하면서 자신을 보혜사라고도 소개하고 있다. 이만희는 "이와 같이 요한이 책 곧 말씀(계시록)을 받아먹었으니 말씀이 육신이 되었고 피와 살이 되었으며 말씀으로 거듭난 자요 (벧전 1:23) 걸어다니는 성경이요 바로 이 사람이 성경을 통달한 사람이며 주의 이름으로 나라와 백성과 방언과 임금에게 보냄을 받은 약속의 목자 보혜사(대언자)인 것이다."(이만희,〈계시〉, 도서출판 신천지, 1999년, p.193). "육계의 사도 요한 격인 오늘날의 보혜사 곧 대언의 목자이다."(위의 책, p.415)라고 하였다. 이만희는 신약 성경이 이긴 자이며 보혜사인 자신을 증거한다고 한다. 이만희는 "신약 성경은 보혜사 곧 책을 받아먹은 이긴 자 한 사람을 알게 한 것이다."(이만희,〈천지창조〉, 도서출판 신천지, 2007년, p.410)라고 하였다. 이외에도 이만희가 쓴 여러 책에 자신을 보혜사라고 주장하는 내용은 무수히 많다.

## 이만희가 보혜사 성령이며 삼위일체 성신이라는 주장

이만희는 자신을 보혜사라고 주장할 뿐 아니라 자신이 곧 보혜사 성령이며 삼위일체 중 성령이라고 주장하였다. 이만희는 "이 아이는 해를 입은 여자의 소생이다. 그가 주의 이름으로 와서 주의 뜻을 이루실 보혜사 성령임을 부인할 수 없을 것이다. 그는 성부이신 하나님의 위와 성자이신 예수 그리스도 위를 하나로 묶어 자신의 위에 앉으실 삼위일체의 성신이다."(이만희, 〈계시록의 진상〉, 도서출판 신천지, 1985년, p.184)라고 하였다. 여기에서 '아이'는 계시록 12장의 아이를 말하는데 철장으로 만국을 다스리는 이 아이가 바로 이만희라고 한다. 이 아이라고 하는 이만희가 삼위일체 성신이라고 주장한 것이다. 이와 같이 이만희는 자신을 보혜사일 뿐 아니라 '성령'이라고 주장하기를 주저하지 않는다.

이만희는 자신을 지상의 사명자라고도 한다. 그는 "마지막 날에 예수께서 하나님으로부터 책을 받아 이를 개봉하여 지상의 사명자(신부 대언자)에게 주어 많은 백성 곧 성도들과 나라인 교회들과 방언인 이방인들과 임금인 교회의 목자들에게 예언하도록 명령하신 것이다."(위의 책, p.22~23)라고 하였다. 그런데 이 '지상의 사명자'가 바로 보혜사이며 성령이라고 주장한다.

"따라서 흰 구름 위에 앉으신 인자 같은 이는 진리의 말씀을 가지고 와서 전 인류에게 복음을 전해주실 지상의 사명자 곧 보혜사 성령이시다."(위의 책, p.222).

계시록 14장에 흰 구름 위에 앉으신 인자 같은 이가 바로 이만희이며 '보혜사 성령'이라는 것이다. 이만희는 이렇게 공공연히 자신을 보혜사 성령이라고 주장하고 있다. 이만희의 '보혜사 성령' 주장을 더 살펴보자. 이만희는 "이 땅의 사명자로 오신 보혜사 성령께서 증거의 말씀을 온 땅에 전파하므로 그 증거의 말씀을 듣고 깨달은 성도들이 천하만국에서 모여들게 되는 것이다."(위의 책, p.223)라고 하였다. 이뿐 아니라 마태복음 24장 45절 이하에 나오는 '때를 따라 양식을 나누어 주는 충성되고 지혜 있는 종'이 바로 이만희 자신이라고 소개하면서 자신을 성령이라고 주장하였다.

"그는 충성되고 지혜 있는 자로서 종의 일을 다 하고 마침내 주인(예수그리스도)로부터 그의 모든 소유를 상속받아 기필코 만왕의 왕으로서 만주의 주로서의 일을 수행하는 자이다. 일찍이 예수는 이같이 행할 자 곧 그의 이름으로 우리에게 보내주실 자를 보혜사라 하셨고 이 보혜사 성령이 장래엔 주와 일치된 영육 하나로서 주인이 되는 것이다."(위의 책, p.223)라고 하였다. 이만희가 충성되고 지혜 있는 종이며, 만왕의 왕이고, 보혜사 성령이라고 주장한 것이다.

### 대언자 교리

이만희는 자신을 보혜사라고 하는 교리를 말할 때는 언제나 요한일서 2장 1절의 말씀을 근거로 한다. "나의 자녀들아 내가 이것을 너희에게 씀은 너희로 죄를 범하지 않게 하려 함이라 만일 누가 죄를 범하여도 아버지 앞에서 우리에게 대언자가 있으니 곧 의로우신 예수 그리스도시라."(요일 2:1). 이 구절을 인용하는 것은 '대언자'라는 단어 때문이다. 이만희는 '대언자'라는 단어에 대하여 난외주에 '보혜사'라고 되어있는 것으로 보아 보혜사는 말씀 전하는 성령이라고 한다. 그래서 보혜사를 대언자라고 했다는 것이다. 이만희는 성령을 두 가지로 나눈다. 일반 성령과 보혜사 성령이 있다고 한다. 일반 성령은 사람에게 역사하는 성령이며 보혜사 성령은 말씀을 전하는 성령이라고 한다. 이만희는 말하기를 "그러므로 보혜사 성령은 일반 성령이 아닌 하나님의 말씀을 가지고 오는 성령으로 하나님의 말씀을 대언하는 영이며"(〈성도와 천국〉, p.196)라고 하였다. 이 보혜사 성령이 한 사람을 택하여 역사하면 그 사람(인간)이 보혜사가 된다는 것이다. 이만희는 계속해서 "이 성령은 계시록 10장과 19장 같이 자신의 말을 성도에게 전할 한 사람을 택하여 자기의 말(하나님의 말씀)을 전하게 한다. 이 보혜사 성령이 마음에 계실 때는 그 사람이 보혜사 성령으로 인해 보혜사(대언자)가 된다."(위의 책, p.196)라고 하였다. 예수님을 보혜사라고 한 것은 말씀을 전하는 대언자이기 때문이며 이만희도 성령을 받아 말씀을 전하는 대언자이기 때문에 보혜사라는 것이다. 그래서 이만희는 자신을 '대언자'라고 즐겨 부르고 있다. 이는 자신이 보혜사라는 것을 나타내는 말이다. 이만희의 대언자 교리를 요약하면 초림 때는 예수님에게 성령이 임하여 예수님이 대언자 보혜사였듯이 재림 때는 이만희에게 성령이 임하여 말씀을 전하는 대언자가 되었으니 이만희가 보혜사라는 것이다. 이만희는 말하기를 "예수님을 요한일서 2장에 보혜사 대언자 진리의 영이라고 한 것은 이처럼 하나님의 보혜사 성령이 주님과 함께 하셨기 때문이다. 이 보혜사 성령은 하나님의 보좌 앞에 일곱 영이다(계 4:5 하나님의 말씀을 전하는 대언의 영). 따라서 본문의 다른 보혜사는 초림 때 예수님께 와서 역사한 영이 아닌 다른 대언의 영과 그 영이 함께 하는 다른 대언의 육체를 두고 하신 말씀이다."(이만희, 〈성도와 천국〉, 도서출판 신천지, 1995년, p.196)라고 하였다. 이만희가 말하는 다른 대언의 육체는 이만희를 가리키는 말이다.

### 이 땅의 보혜사 이만희

이만희는 보혜사가 영의 보혜사가 있고 육체의 보혜사가 있다고 한다. 이만희는 "보혜사는 은혜로 보호하는 스승이라는 뜻이므로, 대언의 영이 될 수도 있고, 우리와 같은 육체를 가진 목자가 될 수도 있다."(이만희, 〈천지창조〉, 도서출판 신천지, p.96)라고 하였다. 이만희 자신이 보혜사라는 것을 말하기 위해 육의 보혜사가 있다는 주장을 하는 것이다. 이만희는 예수님도 육체를 가진 분인데 보혜사라고 했으니 이만희도 육체를 가졌으나 보혜사라고 할 수 있다는 주장이다. 이만희는 "육체를 입고 오신 예수님을 보혜사라고 한 것(요일 2:1 '대언자' 난하주 참고)은 예수님이 아버지의 말씀을 성도에게 대언하여 가르치시고 은혜로 보호하셨기 때문이다."(위의 책, p.96)라고 하였다. 보혜사의 영이 이만희의 육체에 임하여 이만희가 '육의 보혜사'가 되었다는 교리이다. 즉 예수님께서 보혜사를 보내주시겠다는 약속은 이만희에게 보혜사의 영이 임함으로 이루어졌다는 말이다. 신천지 집단의 신도들은 이 교리에 속아 이만희에게 보혜사의 영이 들어가 있다고 믿고 있다. 이만희는 다음과 같이 설명한다. "보혜사 성령은 예수님의 이름으로 왔고(요 14:26), 이 땅의 보혜사로 택함 받은 목자는 보혜사 성령의 이름으로 성도들에게 왔다. 즉, 보혜사 성령은 택한 목자인 보혜사 속에 있게 된다(요 14:16~17)."(위의 책, p.408). 이만희 속에 들어온 영은 '영의 보혜사'이며 이만희를 '육의 보혜사' 또는 '이 땅의 보혜사'라고 하는 것이다. 이만희는 "예수님께 계시를 받아 요한에게 전해주는 천사는 대언의 영이요(계 19:10), 진리의 성령이신 보혜사이며, 요한은 진리의 성령 보혜사가 대언하는 도구로 삼는 이 땅의 보혜사이다."(위의 책, p.408)라고 하였다.

### 비유를 풀어주는 보혜사

이만희는 자신을 보혜사라고 하는 근거를 요한복음 16장 25절 "이것을 비유로 너희에게 일렀거니와 때가 이르면 다시는 비유로 너희에게 이르지 않고 아버지에 대한 것을 밝히 이르리라"로 삼는다. '때가 이르면'이라는 것은 보혜사인 이만희가 오는 때를 말하고 '비유로 하지 않고 밝히 이르리라'고 했으니 보혜사가 와서 비유를 풀어줄 것을 말한다는 것이다. 이만희가 보혜사인 증거가 바로 비유를 풀어주는 것이라고 한다. 이만희는 말하기를 "초림 당시 예수님은 아버지의 이름으로 오사(요 5:43), 아버지의 원대로(요 5:30) 비유로(마 13:10~11, 34~35)예언하셨고, 예수님의 이름으로 오시는 보혜사는 예수님의 원대로 예수님이 비유로 말씀한 그것을 밝히(요 16:26)알게 한다."(이만희, 〈성도와 천국〉, p.199)라고 하였다. 예수님께서 성경에 말씀하신 비유를 보혜사가 와서 풀어준다는 것이다. 이 예언대로 이만희가 보혜사로 왔기 때문에 비유를 풀어준다는 것이다. 이만희는 "비유로 말씀하신 천국 비밀에 대한 모든 답은 성경 안에 감추어져 있고, 예수님께서 때가 되면 비사로 말하지 않고 밝히 풀어 주실 것을 약속하셨다(요 16:25). 우리 신천지는 약속대로 비유, 비사를 밝히 풀어 그 실상을 알리고 있다."(〈천지창조〉, p.287)라고 한다.

### 은혜로 보호하는 스승

이만희는 보혜사라는 이름의 뜻을 한자로 풀어 '은혜로 보호하는 스승'이라고 한다. 이는 성경의 보혜사라는 뜻도 알지 못하는 이만희의 엉터리 해석이다. 이만희는 다음과 같이 말한다. "먼저 보혜사의 뜻을 알아보자. 번역된 원문의 뜻은 '곁에서 도우는 자'라는 뜻으로 해석된다. 그리고 보혜사(保惠師)라는 한자어를 풀이해보면 '은혜로 보호하는 스승'이라는 말이니 원문의 뜻과 같다 할 것이다. 보혜사는 영이든 육이든 간에 은혜로 보호하고 가르치는 자를 뜻한다."(위의 책, 〈천지창조〉, p.414~415). 이만희는 원문을 어떻게 알았는지 맞지도 않는 원문의 뜻까지 풀어 말하였다. 이만희의 주장을 요약하면 보혜사는 은혜로 보호하고, 말씀을 가르치고 곁에서 도와주는 사람이라는 것이다. 이만희는 "예수님께서 하나님께 구하여 다른 보혜사를 우리에게 주사 영원히 함께 있게 하시는데 이 보혜사를 진리의 영이라고 하신다. 보혜사란 대언자, 대행자, 은혜로 보호하는 스승이라는 뜻이다."(〈성도와 천국〉, p.195)라고 하였다. 이만희의 이러한 엉터리 주장에 대하여 반증해보자.

## 2. 이만희가 보혜사라는 주장은 거짓말이다(반증).

### 보혜사는 은혜로 보호하는 스승이 아니다.

자신을 보혜사라는 이만희의 주장은 엉터리이며 거짓말이다. 보혜사라는 단어는 헬라어로 [파라크레토스]라는 단어인데 이 단어는 '은혜로 보호하는 스승'이라는 뜻이 아니다. 한자어의 뜻은 원어하고 맞지 않다. 이 단어는 중보자, 변론자, 변호자, 위로자, 대언자 등의 뜻이다 (장보웅, 〈분해대조 로고스 성경〉, 〈헬라어 한글사전〉, 도서출판 로고스, p.245). '은혜로 보호하는 스승'이라는 뜻은 이 단어에 없다. [파라크레토스]를 우리말로 적당히 사용할 단어가 없어서 '보혜사'라는 한자의 음만 빌려온 것이다. 영어 성경에서 요한복음 14장과 16장의 보혜사는 NIV(1984) 상담자(Counselor), NIV(2011) 변호자(Advocate), ESV 돕는자(Helper), KJV 위로자(Comforter), NAS 돕는자 (Helper) 등으로 번역했다. 요한일서 2장 1절의 대언자는 모든 영어 성경에 변호자 (Advocate)로 번역했다. 영어 성경에 보혜사를 '은혜로 보호하는 스승'이라고 번역하지 않았다. 원어의 뜻은 전혀 아닌데 한자로 해석할 때 '은혜로 보호하는 스승'이라고 한 것이다.

중국에서는 '피자헛'을 한자로 必胜客(필성객)이라고 한다. 이 한자의 뜻은 반드시 필, 비릴 성, 손 객이다. 그러면 '피자헛'을 '반드시 비릿한 손님'이라고 해석해야 하는가? 엉터리이다. 보혜사를 이만희의 주장대로 '은혜로 보호하는 스승'이라고 한다 하더라도 이만희가 보혜사가 될 수 없다. 이만희가 은혜로 보호해 주는 사람이 아니기 때문이다. 이만희가 누구를 은혜로 보호해 주었는가? 자기 자신도 보호할 수 없는 죄인인 이만희가 누구를 은혜로 보호해 줄 수 있다는 말인가? 이만희는 보혜사가 아닐 뿐더러 은혜로 보호해 주는 자도 아니다.

## 이만희는 대언자가 아니다.

이만희는 보혜사를 설명할 때마다 요한일서 2장 1절의 '대언자'라는 명칭을 인용한다. "나의 자녀들아 내가 이것을 너희에게 씀은 너희로 죄를 범하지 않게 하려 함이라 만일 누가 죄를 범하여도 아버지 앞에서 우리에게 대언자가 있으니 곧 의로우신 예수 그리스도시라." 이 본문에 '대언자'라는 단어에 대하여 난하주에 '보혜사'라고 되어 있는 점을 강조해서 보혜사는 대언자이기 때문에 말씀을 전하는 자를 말한다는 것이다. "육체를 입고 오신 예수님을 보혜사라고 한 것(요일 2:1 '대언자' 난하주 참고)은 예수님이 아버지의 말씀을 성도에게 대언하여 가르치고 은혜로 보호하셨기 때문이다."(〈천지창조〉, p.96). 예수님도 성도들에게 말씀을 가르치셨기 때문에 이 본문에서 대언자라고 했다는 것이다. 따라서 현재의 이만희도 보혜사의 영을 받아 말씀 곧 실상을 전하기 때문에 대언자라는 주장이다. 이만희는 "예수님의 증거는 천사 요한 성도들의 순서로 전해진다. 대언자는 둘이니 영계의 천사와 육계의 요한이다. 영계의 천사는 예수님께서 보내시는 진리의 성령 보혜사이다. 이 둘은 하나가 되어 요한계시록의 예언과 실상을 전한다."(위의 책, p.251)라고 하였다. 이만희의 이러한 주장은 성경을 왜곡하는 잘못된 주장이다. 요한일서 2장 1절의 대언자는 성도들에게 말씀을 전하는 대언자를 말하는 것이 아니다.

이 본문을 잘 읽어보면 이만희의 거짓말을 알 수 있다. 본문에 "만일 누가 죄를 범하여도 아버지 앞에서 우리에게 대언자가 있으니"라고 한 것은 예수님이 성도에게 말씀을 전하는 것이 아니고 '아버지 앞에서 대언자'이다. 즉 우리가 죄를 범했을 때 하나님 앞에 우리의 대언자로 예수님께서 변호해 주신다는 말씀이다. 즉 우리의 죄를 하나님 앞에서 변호해 주시는 대언자라는 뜻이다. 하나님과 죄인 시이에 중보하시는 중보사역을 말하고 있는 것이다. 이만희는 이렇게 명백한 내용을 왜곡해서 대언자가 요한계시록의 실상을 전하는 것이라고 거짓말을 한 것이다. 요한일서 2장 1절의 대언자는 아무나 할 수 없고 오직 한 분 중보자이신 예수님만이 하실 수 있는 일이다. 이만희는 이러한 대언자는 결코 할 수 없다. 이만희는 죄인들의 죄를 하나님 앞에서 대언하는 일을 할 수도 없고 한 적도 없다. 이만희가 자신을 대언자라고 하는 것은 거짓말이며, 종교사기이다.

**이만희를 이 땅의 보혜사라고 하는 것은 거짓말이다.**

이만희는 계시록 1장 1절에 사도 요한에게 계시를 전달해주는 천사를 '보혜사의 영'이라고 한다. 그래서 이 천사는 '영의 보혜사'이며 이 천사에게 계시를 받은 요한은 '육의 보혜사'라고 한다. 사도 요한에게 계시를 전달해준 이 천사가 2천 년 후에 다시 와서 이만희에게 실상 계시를 준다고 한다. 사도 요한이 받았던 계시가 이루어질 때 보혜사인 이 천사에게 실상 계시를 받는 사람이 이만희 자신이라고 한다. 이만희는 사도 요한처럼 계시를 받았기 때문에 '새 요한'이라고 부른다. 이만희는 "이 천사를 예수님께서 교회들을 위해 보내는 사자라고 하였다. 이로 보건대 본문의 천사는 예수님께서 보내시는 보혜사 성령이 분명하다. 이 천사가 보혜사 성령이면 그가 함께하는(요 14:17) 새 요한도 보혜사라 부를 수 있을 것이다."(〈요한계시록의 실상〉, 2017년, p.186)라고 하였다.

이만희에게 영의 보혜사인 천사가 임했기에 이만희를 육의 보혜사, 이 땅의 보혜사라고 한다. 그러나 예수님께서 보혜사를 약속하신 요한복음 14장과 16장, 그리고 계시록 어디를 보아도 '땅의 보혜사'나 '육의 보혜사'에 대한 언급이 없다. 이는 이만희가 조작한 거짓말이다. 만일 이만희의 주장대로 계시를 전달해준 천사가 보혜사이기 때문에 계시를 받은 사람이 보혜사라고 한다면 2천 년 전 이 천사에게 계시를 받은 사도 요한이 육의 보혜사가 되어야 한다. 그러나 성경 어디에도 사도 요한을 보혜사라고 하지 않았다. 오히려 요한은 자신을 장로라고 하였다(요이 1:1). 이만희가 자신을 사도 요한 격이라고 하며, 새 요한이라고 한다면 자신이 보혜사라는 거짓말을 하지 말아야 한다. 사도 요한 격이라 했으니 이만희 장로라고 해야 할 것이다.

## 보혜사는 비유를 풀어주는 자가 아니다.

이만희는 요한복음 16장 25절에 "이것을 비유로 너희에게 일렀거니와 때가 이르면 다시는 비유로 너희에게 이르지 않고 아버지에 대한 것을 밝히 이르리라"고 하신 말씀을 보혜사에 대한 예언이라고 해석한다. 보혜사가 와서 비유를 풀어줄 것이라는 예언대로 이만희가 보혜사로 와서 비유를 풀어 실상을 말하고 있다고 주장한다. 즉 이만희가 비유를 풀어주기 때문에 보혜사라는 것이다. 이러한 이만희의 주장은 거짓말이며 허구이다. 이만희보다 먼저 비유 풀이를 했던 교주들이 많다. 변찬린, 전도관 박태선, 통일교 교주 문선명, 재림예수교 교주 구인회 등 많은 이단 교주들이 비유 풀이를 했다. 이만희의 비유 풀이는 선배 교주들의 비유 풀이를 짜깁기한 것으로 보인다. 이만희의 비유 풀이 내용이 다른 교주들의 것과 유사하기 때문이다. 비유를 풀어 주는 사람이 보혜사라면 이만희보다 먼저 비유 풀이를 한 교주들이 보혜사가 되어야 한다. 그리고 요한복음 16장 25절의 말씀은 보혜사가 와서 비유를 풀어준다는 말이 아니다. 본문에 "때가 이르면"이라고 한 '때'가 언제인가? 이만희는 '보혜사인 천사가 이만희에게 계시를 줄 때'라고 해석한다. 그러나 이는 잘못된 해석이다. 그 '때'는 2천 년 후 이만희가 올 때가 아니라 바로 예수님이 제자들에게 마지막으로 세상을 떠나가실 것을 말씀하실 그때였다. 그래서 "제자들이 말하되 지금은 밝히 말씀하시고 아무 비유로도 하지 아니하시니 우리가 지금에야 주께서 모든 것을 아시고 또 사람의 물음을 기다리시지 않는 줄 아나이다. 이로써 하나님께로부터 나오심을 우리가 믿사옵나이다"(요 16:29~30)라고 한 것이다. 이 구절을 인용해서 예수님께서 비유로 말씀하신 것을 보혜사인 이만희가 풀어준다는 이만희의 주장은 거짓말이며 허구이다.

**보혜사의 약속은 사도들에게 주어졌다.**

이만희는 예수께서 보내주시겠다고 약속하신 보혜사 예언이 이만희 자신이 계시를 받음으로 이루어졌다고 한다. 이만희가 예수님이 떠나신 후 2천 년 만에 온 보혜사라는 것이다. 이러한 이만희의 주장은 거짓말이며, 종교사기이다. 예수님의 보혜사 약속은 당시의 사도들에게 주신 약속이다. 예수님은 제자들에게 "도리어 내가 이 말을 하므로 너희 마음에 근심이 가득하였도다. 그러나 내가 너희에게 실상을 말하노니 내가 떠나가는 것이 너희에게 유익이라 내가 떠나가지 아니하면 보혜사가 너희에게로 오시지 아니할 것이요 가면 내가 그를 너희에게로 보내리니"(요 16:6~7)라고 약속하셨다. 예수님께서 세상을 떠나신다는 말을 듣고 근심에 빠진 제자들에게 예수님이 떠나시면 제자들에게 보혜사가 오실 것이라고 약속하신 것이다. 보혜사는 이 제자들이 살아 있을 때 오시기로 된 것이다. 이만희가 보혜사라면 2천 년 전 사도들에게 왔어야 한다. 그래서 예수님께서 보혜사 약속을 하실 때 '조금 있으면'이라고 하셨다. "조금 있으면 너희가 나를 보지 못하겠고 또 조금 있으면 나를 보리라 하시니."(요 16:19). 조금 있으면 보내 주시겠다고 한 보혜사가 이만희라면 '조금 있으면'이라는 말이 2천 년이라는 말이 된다. 이 같은 엉터리가 어디 있는가?

  이만희는 보혜사가 아니고 가짜 보혜사이며 종교 사기꾼이 분명하다. 그렇다면 예수님의 약속대로 보혜사가 당시의 사도들에게 오셨는가? 그 약속대로 예수님께서 승천하신 후 제자들이 모인 다락방에 성령이 강림하심으로 이루어졌다. 예수님께서는 승천하시기 전에 제자들에게 "사도와 함께 모이사 그들에게 분부하여 이르시되 예루살렘을 떠나지 말고 내게서 들은 바 아버지께서 약속하신 것을 기다리라 요한은 물로 세례를 베풀었으나 너희는 몇 날이 못 되어 성령으로 세례를 받으리라 하셨느니라"(행 1:4~5)라고 말씀하셨다. 보혜사의 약속이 몇 날이 못 되어 이루어진다고 하신 것이다. 그 약속대로 보혜사 성령이 강림하시므로 예언이 성취된 것이다. 이만희가 보혜사라는 주장은 허구이다.

### 다른 보혜사는 이만희가 아니다.

  이만희는 요한복음 14장 16절에 "내가 아버지께 구하겠으니 그가 또 다른 보혜사를 너희에게 주사 영원토록 너희와 함께 있게 하리니"라고 한 '다른 보혜사'가 이만희 자신이라고 주장한다. 이만희는 "본문의 다른 보혜사는 초림 때 예수님께 와서 역사한 영이 아닌 다른 대언의 영과 그 영이 함께하는 다른 대언의 육체를 두고 하신 말씀이다."(〈성도와 천국〉, p.196)라고 하였다. 여기에 '대언의 육체'는 이만희를 가리키는 말이다. '대언의 영이 함께하는 대언의 육체'가 다른 보혜사라는 것은 이만희가 '다른 보혜사'라는 말이다. 이만희의 이러한 주장은 거짓말이며 허구이다. 예수님께서는 다른 보혜사에 대하여 설명하시기를 "그는 진리의 영이라 세상은 능히 그를 받지 못하나니 이는 그를 보지도 못하고 알지도 못함이라 그러나 너희는 그를 아나니 그는 너희와 함께 거하심이요 또 너희 속에 계시겠음이라"(요 14:17)라고 하셨다. 다른 보혜사는 '진리의 영'으로서 세상은 그를 보지도 못한다고 하셨다. 이만희는 세상 사람이 다 볼 수 있는 인간이다. 사진으로도 보고 방송을 통하여 전 국민이 보았다. 그리고 '다른 보혜사'는 마음속에 오신다고 하였다. 이만희 한 사람에게 오시는 것이 아니라 "너희 속에 계시겠음이라"고 하셨다. 육을 가진 이만희가 어떻게 사람의 속에 있을 수 있겠는가? 이만희는 '다른 보혜사'가 될 수 없다.

### 이만희는 삼위일체 성령(하나님)이 아니다.

이만희는 자신을 '삼위일체 성신'이라고 주장한다. 이만희는 "이 아이는 해를 입은 여자의 소생이다. 그가 주의 이름으로 와서 주의 뜻을 이루실 보혜사 성령임을 부인할 수 없을 것이다. 그는 성부이신 하나님의 위와 성자이신 예수 그리스도 위를 하나로 묶어 자신의 위에 앉으실 삼위일체의 성신이다."(〈계시록의 진상〉, p.184)라고 하였다. 계시록 12장의 여자가 낳은 아이 즉 이만희가 보혜사 성령이며, 삼위일체 성신이라는 주장은 이만희 자신이 곧 하나님이라는 주장이다. 이만희는 자신을 '삼위일체'라고 하는 주장을 즐겨 한다. 이만희는 "이기는 자에게는 내가 내 보좌에 함께 앉게 하여 주기를 내가 이기고 아버지 보좌에 함께 앉은 것과 같이 하리라고 약속하신다. 이것이 바로 삼위일체이다."(〈계시〉, p.81)라고 하였다. 이긴 자 이만희가 하나님의 보좌에 앉게 되는 것이 삼위일체라는 것이다. '삼위일체'는 하나님을 가리키는 말인데 이만희가 자신을 삼위일체라고 하는 것은 자신이 바로 하나님이라는 주장이다. 요약하자면 이만희는 '보혜사 성령'이며 삼위일체 하나님으로서 성신에 해당된다는 주장이다. 이만희가 자신을 삼위일체 성신, 하나님이라고 주장하는 데는 더 반증이 필요 없다고 생각된다. 하나님이라는 이만희가 내연녀와 살다가 헤어지고 헤어진 내연녀와 소송을 하고 있다는 소식이 들린다. 그리고 성령 하나님이라는 자신이 늙어간다는 것은 '이만희의 삼위일체' 주장이 얼마나 허구인지 잘 보여주고 있다.

# 〈서평〉


임헌만 교수(백석대학교 기독교학부)


이단(異端)은 사실 '다를 이(異)'와 '바를 단(端)'이기도 하지만 '다를 이(異)'와 '끝 단(端)'으로도 해석이 된다. 곧 처음부터 다른 것이 아니라 처음에는 유사하나 결론에 가서는 다른 것이 이단의 가장 뚜렷한 특징인 것이다. 왜냐하면 이단의 배후에는 결국 하나님의 나라를 허무는 거짓의 아비인 사탄이 있기 때문이다. 사탄은 거짓의 아비이기에 그 사탄의 악한 영으로 인해 이단들은 처음에는 진리인 것처럼 위장하나 결국에는 거짓말로 끝나는 것이다.

이와 같은 관점에서 볼 때 금번 진용식 목사의 책 〈신천지 거짓 교리 박살내는 이만희 실상 교리의 허구〉는 이단 이만희의 거짓된 탈을 벗기고 그 민낯을 드러나게 하였다는 것을 책의 목차에서부터 명료하게 볼 수 있다. 곧 각 장의 제목들이 이만희의 '거짓말'과 '허구'라는 제목들로 되어있기 때문이다.

이단들의 거짓된 주장을 신학적으로 반박할 수 있는 전문적 지식과 권한이 있는 사람이라도 용감하게 그들의 거짓된 주장에 맞서는 사람은 극히 드물다. 왜냐하면 이단들의 법적인 고소 및 물리적 폭행 등을 감당할 용기까지는 없기 때문이다. 그러하기에 그동안 '신천지 헌터'라는 별명을 가질 정도로 신천지를 비롯한 이단들에 대항해 하나님의 나라 진리 수호를 위해 외롭게 싸워온 진용식 목사는 참으로 특별한 사역자다.

교회를 목양하는 목회자들에게 있어서 신천지는 참으로 상대하기 버거운 악의 화신이다. 신천지로 인해서 교회가 분리되고 심지어 교회 문을 폐쇄할 수밖에 없는 참담한 심정을 경험해본 목회자들 및 교인들에게 신천지는 소름 돋도록 사악한 존재들인 것이다.

그야말로 이 시대 한국 및 세계에 흩어져 있는 디아스포라 한인 교회들에게 신천지는 영적인 테러범들과도 같다. 서평을 위해 책을 읽어 나가면서, 진용식 목사 글의 논리는 마치 전쟁터에서 테러범이 설치한 폭발물의 예민한 도화선 하나하나를 해체해 나가는 듯한 긴장감을 볼 수 있었다.

그저 단순히 신학적인 오류를 반박해 나가는 글이 아니라, 상대방이 그러한 비판을 받은 이후에 어떠한 내용의 논리로 반격할 것인가를 생각하여 성경에 근거한 비판을 논술해가는 글이라는 것이다.

무엇보다 〈이만희의 실상 교리의 허구〉의 가장 큰 특징은 자칫하면 모호해지기 쉬운 추상적 신학적 논리에 근거하기보다는 이만희 본인이 주장하는 논지의 허구와 맹점을 마치 양날을 가진 메스처럼 예리하게 비판했다는 것이다. 그러함으로써 이만희 본인이 했던 말 자체가 자신의 목을 겨누는 부메랑이 되었기에 한마디 말도 아니라고 반박할 수 없게 만들었다는 것이다.

이러한 비평의 방법은 우리 주 예수 그리스도께서 바리새인을 비롯해 비판할 상대자들에게 항상 즐겨 사용하셨던 지극히 성경적인 비평 논리 방법인 것이다. 곧 진용식 목사의 글은 그 내용에 있어서는 물론 문체 곧 글의 형태에 있어서까지 철저히 성경에 뿌리를 내리고 있다는 것을 본 책은 여실히 보여주고 있다. 본 책의 내용은 신천지가 주장하는 잔가

지들을 치는 것이 아니라 신천지의 뿌리인 이만희가 주장하며 가르치고 있는 핵심 교리들을 낱낱이 해부해버렸다는 것을 알 수 있다.

마지막으로 본 책은 마치 물 흐르듯 그 내용과 전개 방식이 거침없어 신학을 전공하지 않은 평신도들이 보기에도 전혀 부담이 없을 뿐만 아니라 심지어 재미있기까지 하다. 지난번 진용식 목사와 같이, 이 시대 하나님의 나라를 위해 이단 및 거짓된 진리의 위협 세력과 싸우는 신학 및 목회 무림의 고수되시는 검객 목사님이 "사람들이 낮에 보는 깨끗한 거리는 새벽 이른 시간에 청소하는 청소부들 덕분인 것처럼, 이단들에 대항하여 투쟁하는 사람들이 있기에 한국 교회가 하나님의 은혜로 이나마 건강하게 유지되어 가는 것입니다!"라고 말씀하셨다. 나는 이 말에 전적으로 동감한다.

마지막으로 본인은 진용식 목사의 금번 책뿐만 아니라 그동안 신천지를 비롯한 이단들에 대하여 홀로 투쟁하신 과정들에 대하여 이단들이 마치 방화범들처럼 하루가 멀다하게 성도들의 마음에 불신과 분란의 불을 질러대는 이 시대에 외로운 소방관이 되어 주신 것에 대하여 하나님 나라 국민의 한 사람으로서 진심어린 감사의 마음을 전한다.

# ▶ 참고자료

김병희, 김건남, 〈신탄〉, 도서출판 신천지, 1985년.
경향신문 1975, 1976.
동아일보, 1975, 1976.
신천지 문화부, 〈신천지 발전사〉, 도서출판 신천지, 1997년.
신천지, 〈영핵〉, 신천지만국소성회, 1996년
신천지, 〈종교세계의 관심사〉, 1984년.

신천지 홈페이지 www.shincheonji.kr.
엄도성, 〈성경낱말사전〉, 첨탑, 1982년.
윤재명 녹취록
이만희, 고소장, 2006년 2월 21일.
이만희, 〈성도와 천국〉, 도서출판 신천지, 1995.
이만희, 〈계시〉, 도서출판 신천지, 1999년.

이만희, 〈계시록 완전해설〉, 도서출판 신천지, 1986년.
이만희, 〈계시록의 진상〉, 도서출판 신천지, 1985년.
이만희, 〈계시록의 진상2〉, 도서출판 신천지, 1988년.
이만희, 예수그리스도의 행전, 도서출판 신천지, 2006년.
이만희, 〈요한계시록의 실상〉, 도서출판 신천지, 2005년, 2011년, 2017년.
이만희 육성 녹취록, 2008년 12월 4일.

이만희, 주제별 요약해설 I , 도서출판 신천지.
이만희, 〈천지창조〉, 도서출판 신천지, 2007년.
진용식 vs 이만희 무료성경신학원 이단논쟁
탁명환, 〈한국의 신흥종교Ⅲ〉, 국종출판사, 1992년.
탁명환, 〈기독교이단연구〉, 국종출판사, 1998년.
한국 주요 이단들의 동향, 도서출판 리폼드